How to Use Storytelling in Your Academic Writing

Techniques for Engaging Readers and
Successfully Navigating the Writing and Publishing Processes

学术写作如何讲好故事

成功驾驭写作和发表的技巧

[美] 蒂莫西 · G. 波洛克——著
Timothy G. Pollock
车同侠——译

世界图书出版公司
北京 · 广州 · 上海 · 西安

图书在版编目（CIP）数据

学术写作如何讲好故事：成功驾驭写作和发表的技巧 /（美）蒂莫西 · G. 波洛克著；车同侠译 . — 北京：世界图书出版有限公司北京分公司，2023.2
（进阶）
ISBN 978-7-5192-9727-5

I. ①学… II. ①蒂… ②车… III. ①英语 – 写作 – 研究 IV. ① H315

中国版本图书馆 CIP 数据核字（2022）第 135738 号

How to Use Storytelling in Your Academic Writing: Techniques for Engaging Readers and Successfully Navigating the Writing and Publishing Processes by Timothy G. Pollock
First published by Edward Elgar Publishing Limited(23 July 2021)

书　　名　学术写作如何讲好故事
　　　　　XUESHU XIEZUO RUHE JIANGHAO GUSHI
著　　者　［美］蒂莫西 · G. 波洛克
译　　者　车同侠
责任编辑　余守斌
责任校对　张建民
特约编辑　晁婉冰
特约策划　巴别塔文化

出版发行　世界图书出版有限公司北京分公司
地　　址　北京市东城区朝内大街 137 号
邮　　编　100010
电　　话　010-64038355（发行）　64033507（总编室）
网　　址　http://www.wpcbj.com.cn
邮　　箱　wpcbjst@vip.163.com
销　　售　各地新华书店
印　　刷　北京长宁印刷有限公司天津分公司
开　　本　880mm×1230mm　1/32
印　　张　9.5
字　　数　211 千字
版　　次　2023 年 2 月第 1 版
印　　次　2023 年 2 月第 1 次印刷
版权登记　01-2023-0049
国际书号　ISBN 978-7-5192-9727-5
定　　价　68.00 元

献给我的妻子萨拉

我也将这本书献给我近年来失去的亲人——
我的兄弟比尔、我的父母鲁斯和米基，以及我的狗马龙。
我爱并怀念着你们。

目　录

CONTENTS

引言　像讲故事者那样思考　01

第一部分　如何运用讲故事的技巧　001

第一章　构建故事　003

戏剧性结构：弗赖塔格金字塔　004

确定角色：主角、配角、龙套角色　015

情节：人物在情境中的互动　018

主题和线索：故事的方向与具体路径　020

第二章　四个讲故事的工具　023

人情味：动之以情，晓之以理　026

动态和节奏：讲故事的动作及速度 030
讲述和展示：让抽象的概念变生动的语言技巧 035
使用第一或第二人称：使你的写作娓娓道来 038

第三章 故事的组成部分：词语、句子和段落 041
清晰的写作：严谨而有格调 043
学术写作的五种病态：臃肿、藏头、句肥、猜测、浮夸 046
主动写作：使用有能量的主动语态 056
写作的“声音”：理解文本，感染读者 059
文体和语法的注意事项：二十五条独家分享 064

第四章 铺垫：引言、标题和摘要 073
引言：回答三组问题 075
标题和摘要：吸引读者进入文章 091

第五章 上升动作：理论和假设 097
有说服力的理论：五种发展理论的工具 098
明确的概念界定：确保所谈为同一事物 102
清晰连贯的假设：说明自变量和因变量的关系性质 104
构建理论和假设：一些经验性建议 107

第六章 高潮和下降动作：方法和结果 115
四种效度类型：内部效度、外部效度、建构效度和统计结论效度 117
三角困境：不可避免的设计缺陷 118

方法部分：目的、挑战和结构 120
结果部分：目的、挑战和结构 128

第七章　结局：讨论部分 135
目的：宣告一段旅程的结束 137
四种典型缺陷：重述结果、漫无边际、过度讨论、肤浅的解释 138
理论贡献：兑现引言中的承诺 140
其他贡献和影响：表明研究的重要性 142
局限性和未来研究：承认研究的不足处 143
结论：在一个更高的层面上结束故事 144
结构：传统与独特相结合 146

第八章　定性文章、理论文章和书籍章节的差异 149
1. 定性文章与定量文章 151
2. 理论文章与经验文章 162
3. 书籍章节与期刊文章 171

第三部分　应对写作与发表流程的技巧 173

第九章　写作过程 175
四个阶段：循序渐进的六种写作活动 177

提高写作效率：三种策略和若干具体方法 191

第十章　合著相关 203

合著利与弊：如何引导利大于弊 205

四种合作关系类型：平权的、功利的、辅导的、指导的 208

两种合著机制：传递论文、同时合著 211

合著团队管理：如何创造积极的合著经验 215

第十一章　应对评议 223

最大挑战：做好情绪管理 225

初次投稿：资深编辑的一般经验法则 226

修改和重投：成功概率从 10%增加到 50% 231

第十二章　其他类型的写作 247

基金申请：增加获得资助的概率 248

研究陈述：陈述你的学术身份 254

求职信：宣传自我的关键工具 261

结　论 267

致　谢 275

参考文献 277

图　表

图 1–1	弗赖塔格金字塔	006
图 1–2	弗赖塔格金字塔叠加在定量文章结构上	007
图 1–3	弗赖塔格金字塔叠加在定性文章结构上	008
图 1–4	弗赖塔格金字塔叠加在理论文章结构上	008
表 2–1	管理类文章章节长度的经验法则	033
表 4–1	戴维斯的有趣指标	088
表 5–1	组织理论与假设部分	108
图 6–1	三角困境	119
图 8–1	定性文章的比例弗赖塔格金字塔	153
图 8–2	理论文章的比例弗赖塔格金字塔	165
图 9–1	准备打地基	178
图 9–2	构建场景	181
图 9–3	增加细节，提炼和聚焦	185
图 9–4	修整和装点	189
图 9–5	我工作的地方	197

引言　像讲故事者那样思考

学术界是一个有特权的群体。我们的工作是：(1) 思考其他人没有想到的问题，并发现尚未被回答的问题；(2) 弄明白如何回答这些问题；(3) 回答问题；然后 (4) 讲故事。然而，如果你的博士训练像我的一样，或者像我在获得学位后的 20 多年里所参与或接触的大多数博士项目一样，那么你的大部分训练主要集中在 (2) 和 (3) 部分（研究设计和分析技术），在理论和内容研讨会上也会对 (1) 给予适度关注，对讲故事的 (4) 则几乎没有关注。事实上，我猜测“讲故事”这个词很少出现，如果有的话，关于写作的正式讨论很可能只限于研究设计研讨会的一次会议。即使在主要的学术学会会议提供的专业发展研讨会和讲习班上，大部分的注意力也是放在研究方法和其他话题上，例如如何回答我们提出的有趣问题以及如何去做。

然而，讲故事是我们在每一篇文章、每一章节和每一本书中都要做的事情。我们所做的每一次演讲、所教的每一堂课，都要讲故事。数据不会为自己说话，作者必须为解释设定背景，确保读者理解并接受问题的重要性，最后以赋予数据意义的方式对结果的含义进行概括和解释。

例如，科学史学家马修·斯坦利（Matthew Stanley，2019）提供了一个有趣的故事，讲述了英国天文学家亚瑟·爱丁顿（Arthur Eddington）在第一次世界大战期间和随后一段时间里对爱因斯坦广义相对论产生了兴趣并提供了确凿的证据。爱丁顿不得不解读爱因斯坦的复杂数学和反直觉的论点，这挑战了几个世纪以来公认的牛顿物理学的智慧。由于战争的原因，只有少数德国以外的人知道爱因斯坦的理论，且由于爱因斯坦被困在柏林，爱丁顿不得不在没有爱因斯坦本人帮助或投入的情况下研究他的理论。爱丁顿随后用《格列佛游记》（*Gulliver's Travels*）、《爱丽丝梦游仙境》（*Alice in Wonderland*）和其他许多人都熟悉的相关例子，将这些想法转换为其他科学家和广大公众都更容易理解的散文。他和皇家天文学家、英国最有影响力的科学家之一弗兰克·戴森（Frank Dyson）一起，激发了科学界和大众对这一理论的兴趣。爱丁顿组织的（由戴森资助的）观看日食考察活动，将使他们能够从经验上检验这一理论。爱丁顿把他的考察——可以为引力使光弯曲这一相对论的核心预测提供证据——界定为牛顿和爱因斯坦的理论竞赛，使之成为两位科学天才之间的较量，从而制造紧张气氛，使全世界对结果产生兴趣。在为广义相对论找到支持后，他精心安排了发现的展示，收集事实并准备好论据，以应对牛顿拥护者肯定会提出的反对意见和挑战。在展示了研究发现后，他继续通过科学讲座和公开演讲，在任何邀请他的团体面前传播他对该理论的解释和支持。

虽然爱丁顿的努力远远超出了单一的学术研究的范围，但是任何一篇好文章或书中的章节所提供的所有讲故事的方面在他的故事讲述中都得到了体现。他发现了一个有趣而且重要的问题，并通过制造紧张或冲突来吸引人们对它的关注，而他的研究将解决这个问题。他清楚而且仔细地准备了相关的研究，以便让受众了解基本的背景和论点，并且他提出了经过检验的核心问题。在进行了研究并仔细核实了结果后，他清楚地解释了他做了什么并允许其他人检查他的发现，以便他们对其真实性感到满意。然后，他展示了他的发现并解释了研究结果的意义，将这些发现纳入他先前建立的更大的框架中，并解释了这些发现如何促进了我们对重力、空间和时间的科学理解。英国天文学家 J. J. 汤姆森指出："通过雄辩、明述和文字力量，他（爱丁顿）说服了很多英国人和美国人了解相对论的含义。"（Stanley, 2019: 317）也就是说，他并没有简单地用枯燥、深奥的术语叙述相对论的数学难度，而是抓住了听众的注意力和想象力，并通过讲故事将理论带入生活。

良好的写作技巧和讲故事工具对于成功地将你的想法和见解展示给外界至关重要。学者们认为（Ashford, 2013; Daft, 1985; Podsakoff, Podsakoff, Mishra & Escue, 2018）并发现（Judge, Cable, Colbert & Rynes, 2007），写得清楚的文章被引用的频率更高，并且更有可能成为高影响力的"本垒打"。作为《美国管理学会学报》（*Academy of Management Journal, AMJ*）的前副主编和此期刊及其他期刊数百篇稿件的审稿人，我看到了糟糕的写作如何让有希望的想法，因为未通过审稿程序，而不能进入公众视野。即使是已发表的文章，如果其核心思想难以理解，让读者在读了五分钟内就想要瞌睡的话，它们的影响力也是有限的。我写本书的目的是帮助你提高写作水平，增加你的见解被阅读和理解的机会。

学术界最持久和最有害的谬论之一是无聊等于严谨。在本书中，我解释并展示了学者如何利用讲故事的结构和工具，在不需要“简化”或降低他们的论证和工作的严谨性的前提下，令学术著作更容易理解、更有影响力和更容易阅读。根据我和其他作者的经验，我还就如何对待写作和发表过程提供了一些见解。我不仅借鉴了我自己和其他作者在学术写作方面的经验，还借鉴了面临着许多同样问题的著名小说作者和纪实文学作者的经验，他们也提供了一些如何更好地将你的想法传达给他人的见解。

为了创造性地表达你的想法，你必须了解你的写作形式的限制和要求。我曾听到人们对期刊文章格式的抱怨，抱怨它如何抑制了作者构思和表达想法。我对这种抱怨的回应是：“这是否意味着你写俳句或十四行诗时不能有创造性，因为它们有限制性的格式？”

从打油诗到小说再到学术期刊文章，每一种写作格式都有其特定的结构和规范。格式提供了一种结构，帮助读者了解应该期待什么以及如何找到内容的意义。虽然有些格式比其他格式更灵活一些，但创造性来自在格式的范围内成功地传达你想要表达的东西，而不是设计一种新的和不熟悉的格式。成功的学术写作者不会抱怨期刊文章格式的束缚，而是弄清楚如何运用特定格式成功地写作。本书中，我讨论了期刊文章的一般格式和每个部分需要包含的内容，以及理论文章、实证定量文章、实证定性文章的共同点和不同点。我还展示了如何在一般文章结构的基础上建立一个戏剧性的结构，以及如何在每一节中运用讲故事的工具，使学术文章具有吸引力和可读性。

写作与打字

人们也经常为写作过程感到有压力和挣扎，因为他们把写作和打字混为一谈。打字是指你坐在键盘前，就像我现在这样，把你的想法转录到屏幕上；或者，对于我的一些老同事来说，用笔写到纸上，让别人来打字。虽然写作可以发生在打字过程中，但它也发生在你远离计算机的时候。比如，遛狗的大部分时候我都在考虑如何开启这一章的写作，以及思考本书的其他方面。我也曾在修剪草坪、烹饪和在树林中徒步旅行时进行写作——列出我将在本书或其他学术工作中使用的结构、逻辑和例子。这是否使我成为一个痴迷的工作狂？也许吧。但它也说明，写作是在你思考素材和想说的话时进行的，而不仅仅是在打字的时候。我将讨论写作过程中的陷阱和挑战，以及以健康和有效的方式进行写作的许多方法，这样你就能真正把你头脑中引以为豪的东西归纳并表达出来。

其他过程问题

你所做的大多数研究很有可能是与他人合著的。如今，随着年度评审、晋升和终身职位对科研生产力的要求越来越高，单独撰写的文章越来越少；要想独自完成这些研究任务，即使不是不可能，也还是很难做到的。独著的效率较低，而且也不那么有趣。然而，识别并弄清如何与合著者合作可能是一项挑战，大多数有经验的学者都有一些可以分享的与合著者之间的不愉快故事。同时，我认为写作本质上是一种社会活动——尽管它大部分是在你独自一人的时候发生的。好的合著者不仅能使写作过程更加愉快，而且还能帮助产生比你们中任何一个人所能做到的更好的研究结果。因此，本书还涉及了合著者的问题，包括选择合著者、与之合作及在必要时辞退合著者、确定作者顺序以及将合著的文字以统一的风格整合在一起。

让我们看看你的文章写完后会发生什么。如果它是一篇学术期刊文章，那么下一步就是把它送出去供同行评审。在发表研究的其他方面可能没有什么比审查过程更浸满了紧张、迷惑和闲言碎语了。很多关于审稿过程、编辑动机等的常见说法都是不真实的。是的，因为有很多糟糕的审稿人和编辑的存在，即使你顺利通过审稿，这也是会令人沮丧和自卑的过程。然而，我可以说我发表的每篇论文无一例外地都因为经历了审稿过程而得到了改进，无论是因为我遇到的许多优秀编辑和审稿人提供了想法和见解，还是因为我应对了懒惰的审稿人或糟糕的审稿意见，迫使自己思考清楚问题并打磨写作技巧，以至于即使是一个懒惰的读者也不会错过重点。我也看到许多论文因为作者没有很好地应对审稿过程而失败。例如，作者在回应评论时因为误解或犯了战略错误而没有完全接受审稿人的意见，或者过于迁就而忘记了论文的作者是谁，因此，我还讨论了审稿过程以及如何成功地应对它。

虽然发表研究占用了我们大量的写作时间，但我们在工作中也从事其他类型的写作。每个人在进入就业市场时都会起草求职信，撰写用于招聘、年审以及晋升和任期过程的报告。你很可能需要资金来资助研究，因此，你也会在某些时候撰写研究基金申请报告。我将花时间讨论这些其他类型的写作，以及每种类型的好文章是什么样的。

本书的结构

本书适用于在职业生涯的任何阶段对提高自己的写作水平感兴趣的学者，也可以作为研究生写作课程的主要教材。所选章节可以作为研究设计入门课程和其他侧重于写作或将写作作为其核心组成部分的课程的读物。我是一名管理学者，这影响了我对一些细节的讨论，特别是在文章结构和审稿过程的各个方面。我的许多例子也来自管理学文献，因为这是我最了解的方面。尽管如此，本书的大部分内容适用于任何商科或相关社会科学领域如心理学、社会学和经济学的学者。

第一章至第三章重点介绍你在学术写作中会用到的讲故事的工具包。第一章将戏剧的五幕结构运用到学术写作中，并讨论了如角色、主题和故事情节等其他结构问题。第二、三章重点介绍了在学术写作中讲故事所需的工具包。第二章介绍了讲故事的工具，如在你的作品中加入人情味、动态和节奏以及讲述和展示。第三章涵盖了故事的基本要素——词语、句子和段落，它侧重于讲述如何写出清晰、活泼的文字，并且注意文风和节奏。

本书的下一部分侧重于文章的结构，以及结构中每个部分的内容。第四章涉及引言（或开篇），第五章包括理论和假设，第六章重点介绍方法和结果，第七章讲述了如何写出有效的讨论部分。在每一章中，我都讲述了一个好的章节应该包含哪些内容及其原因，以及该部分在故事的整体结构中所扮演的角色。第八章通过考虑理论文章和定性文章的异同，以及写论文和写书的区别，将所有内容整合起来。

本书的最后一部分主要解决过程问题。泛泛地说起应用讲故事的结构和工具撰写论文的每个部分似乎很容易，但实际操作起来却非常困难。一旦论文准备好接受审议，那么了解如何通过审稿过程是至关重要的。因此，第九章侧重于写作过程，第十章侧重于合著过程，第十一章侧重于审稿过程。在第十二章中我还就学者们可能要用到的其他类型的写作（基金申请、研究陈述和求职信）提供了一些指导。最后的结论部分以我对写作乐趣和好的写作的思考结束本书。

虽然我在撰写这些章节时心里有特定的顺序，但我也尝试把它们写得不一定非要按顺序阅读才有帮助。如果你对某些特定的主题感兴趣，可以直接进入该章，在大多数情况下不会感到迷失。这是一本事无巨细的关于如何写出好的、可读的学术文章的书籍。我并不参与关于科学哲学和知识本质的辩论。我希望这本书对你有所帮助和启发。现在，我要开始讲故事了。

第一部分

如何运用讲故事的技巧

第一章 构建故事

Structuring a story

你如何看待自己作为一名学者的形象？作为一个理论家？一个经验主义者？知识的创造者？还是事实的报道者？你对自己的认知会影响你对待研究过程的方式，也会影响你如何看待研究的书面表述。如果你只是把自己当作事实的报道者，把你写出的作品当作“研究报告”，那么，一场撰写清晰、有趣、易懂的文章的战斗可能已经失败了。但是，如果你把自己当成一个讲故事的人，那么你就可以实现这些目标，因为你会愿意把讲故事的原则应用到你的学术写作中。

如同任何有效的沟通一样，一个故事也需要一个结构。除了学术文章的宏观结构（引言、理论和假设、方法和结果、讨论部分）之外，思考故事的内部结构也很有帮助。在本章中，我将集中讨论应用可追溯到数千年前的故事结构来思考如何构建你的研究故事。我还讨论了角色、主题和故事情节如何有助于组织学术写作的故事结构。

戏剧性结构：弗赖塔格金字塔

亚里士多德（Aristotle）认为，一个故事反映了一个“整体行动”，它有一个开头，有中间，有结尾。故事的核心是主角或主要人物必须处理的一个结或中心挑战。戏剧首先开始打结（引入复杂因素，增加紧张感和戏剧性），然后解开它（解决冲突并给出解决方案或结果）。长期担任《管理科学季刊》（*Administrative Science Quarterly*）总编辑的琳达·约翰松（Linda Johanson）认为，学术期刊文章也有一个明确的开头、中间和结尾，以确立你的问题以及解释为什么它很重要；把它建立在理论论证的基础上，并提出你的假设；描述问题是如何被解决的，以及假设是否得到支持；并帮助读者理解这一切。

在构建你的研究故事时，脑子里要记住打结和解结这个强有力的印象。如果在你的研究中没有需要解决的张力、戏剧性或冲突（没有需要解开的结），故事怎么会有趣？相反，如果你不能解开这个结，或者解开结后没有提供任何明确的解决方案或对研究的核心问题的洞察，那么我们学到了什么？你所写的一切都应该有助于解开故事核心的结。如果不是这样，那么你就需要思考它是否真的需要被包括在内，以及它如何推动你的故事。

弗赖塔格金字塔。几千年来一直存在的一种常见的戏剧结构是五幕剧。古斯塔夫·弗赖塔格（Gustav Freytag）重新构想了五幕剧的结构，运用了也许是戏剧中最容易识别的图形之一——弗赖塔格金字塔。弗赖塔格金字塔的五个要素[1]是铺垫、上升动作、高潮、

1 弗赖塔格的最初标签是介绍、引言、上升、高潮、下降和灾难，但随着时间的推移，这里使用的标签已经变得更加标准。——原注（本书脚注均为作者原注，下文不再标示）

下降动作、结局。弗赖塔格将这五个要素组织成一个金字塔，如图1–1所示。

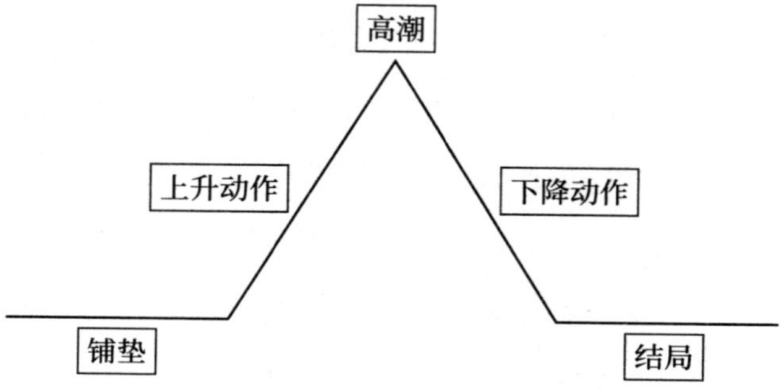

图1–1　弗赖塔格金字塔

铺垫奠定了背景。在这部分主要介绍人物，描述环境，叙述在故事发生之前出现的事件，并阐述人物的背景故事。尽管这些说明性的因素也经常出现在故事的其他地方，以达到戏剧性的效果或推动故事的发展，但这一部分主要是用于铺垫。在**上升动作**阶段，发生一系列形成戏剧性张力的事件和经历。这里是挫折、挑战和困难发生的地方，也是或者至少是预示主人公可能有能力解决问题或克服挑战的证据被引入的地方。这些动作是故事的主要内容。上升的动作发展到**高潮**，这是最紧张或最有戏剧性的时刻；它是决定主人公命运的转折点，也是解决办法开始形成的地方。**下降动作**是冲突解决的地方，也是主人公成功或失败的地方。在知道最终结果之前，可能仍有一些悬念，但我们最终会发现发生了什么。**结局**是读者得到宣泄的时刻，紧张的气氛在这里得到缓解，常态感和解决感得以确立，戏剧的复杂性都得到了解决和解释。

弗赖塔格金字塔是一个有用的结构，因为它将戏剧的各个方面分成界线明确的部分。它也可以叠加在学术文章的基本结构上，为文章中的故事提供结构。图 1–2、图 1–3 和图 1–4 分别提供了定量、定性和理论文章的图示。在所有这三种文章中引言是大部分铺垫发生的地方，因为其设定了背景、解释了研究的原因并介绍了主角（主要的理论建构）。定量文章中理论发展部分的开始，以及定性和理论文章的理论背景部分，也经常提供额外的铺垫，特别是关于文献回顾部分。定性文章的研究背景部分也是如此（取决于你选择在哪里描述你的研究背景）。

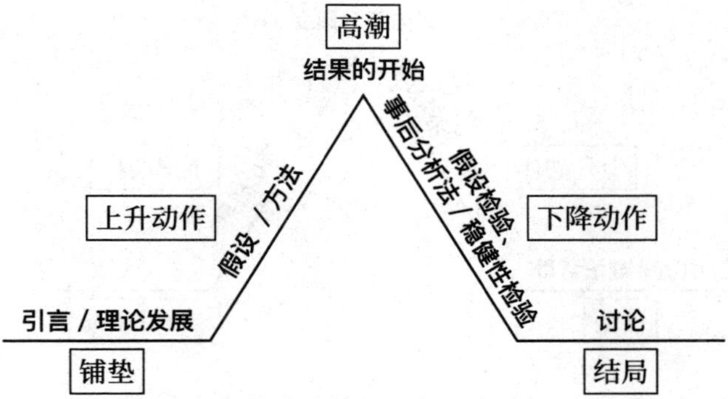

图1–2　弗赖塔格金字塔叠加在定量文章结构上

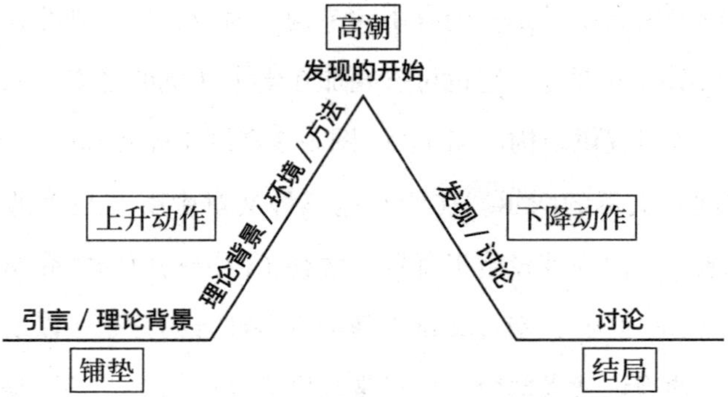

图1-3　弗赖塔格金字塔叠加在定性文章结构上

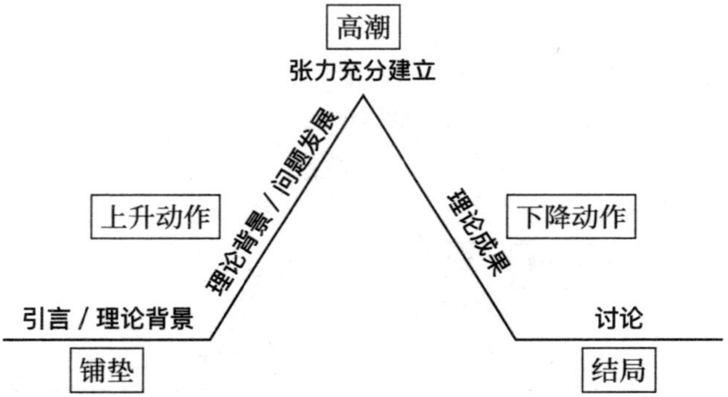

图1-4　弗赖塔格金字塔叠加在理论文章结构上

上升动作也是从这些部分开始的，因为这是你打结的地方。复杂性被介绍和阐述，而前进的方向——特别是在定量的文章中——会在你建立和提出假设时被设定好。在文章的这一部分，随着期望值的增加，理论上的张力和兴趣应该建立起来，但实际上会发生什么还不清楚。这个方法也可用于定量和定性研究中的上升动作部分。它描述了背景、样本和数据来源（高潮即将发生的舞台），定义了变量和测量方法（如果是定量的），并解释了分析方法。这时候结就已经完全打好了，为高潮的到来创造了条件。在理论文章中没有“结果”，所以对于理论文章来说，理论背景或文献综述部分是你提出问题和打结的地方。

与弗赖塔格金字塔的其他部分不同，高潮是一个点，而不是一个片段；它是结果揭晓之前最紧张的时刻。在实证研究中，它是结果或发现部分的开始。因为它是一个点，所以高潮很短，通常包括定量研究中对共线性和描述性统计的常规性讨论，或者定性研究中对研究发现部分的结构的讨论。

下降动作是解开结并揭示你的结果或发现的地方。在定量研究中，它从假设检验的结果开始，让我们知道它们是否被支持。虽然解决之道眼看就有了，但是我们还是没有完全达到目的；解开这个结还需要描述补充分析、稳健性检验或其他事后分析，来完善最初的发现。在这些额外的分析中，可能仍然会有紧张和惊讶的时刻，因为这些额外的分析会给你的发现增加细微的差别，也许显示出在初步分析中不被支持的假设在你考虑额外的复杂因素时得到了支持。研究结果部分包含了定性研究中的下降动作，它通过描述你从数据中归纳出来的理论模型来解开这个结。在这两种情况下，下降动作也可能延伸到讨论部分的开头，在这里你将总结你的结果和发现。在理论文章中，下降动作是你阐述和展示你的主要理论的地方——理论模型、分类或文献的综述与梳理——因为建立理论本身就是解决方案。在下降动作结束时，这个结就已经完全解开了，你已经完全揭示了研究的中心问题的答案。根据文章的性质和目的，上升和（或）下降动作可以很长或相对较短，尽管在图中从概念上讲它们是长度相同的。

结局出现在讨论部分。这是个总结性的动作，它将你在高潮和下降过程中所揭示的所有内容汇集起来并使之合理化。你把意外的发现以及未被支持的预期与被支持的关系结合起来，并将它们与理论和实践联系起来。这也是你需要强调新的见解、做出猜想和讨论研究局限性的地方。就像许多故事一样，在故事结束后，生活仍在继续。未来研究方向部分是你描述研究中的人物可能经历新冒险的地方。

最后，正如琳达·约翰松所指出的，文章的结尾应该将故事深印在读者的脑海中。我认为这可能是论文中最难写的部分。事实上，欧内斯特·海明威（Ernest Hemingway）在他去世前不久的一次采访中坦言，他为《永别了，武器》（*A Farewell to Arms*）写了39个不同的故事结局，直到他“得到适当的词”来进行结尾。他的孙子后来发现有47个不同的结尾（Evans, 2017）。约翰松认为，一个好的结尾会把读者带回到开头，并为他们提供一个关于研究主题的新视角。她认为，发出对未来研究的一般性呼吁或对研究再三进行总结，并不是一个令人满意的解决办法。她建议尽可能使用直接和简单的语言，并以具体的形象而非抽象的概念来结束。

把你的研究文章当作一个分为五幕展开的故事，你可以在文章的基本格式中提供一个架构。当你迷失思路，或者觉得自己在喋喋不休地重复讲述同一件事，或者不知道如何从一个想法转到下一个想法时，想想你在弗赖塔格金字塔上的位置，以及要怎样才能进入戏剧的下一幕。在使用不同的故事结构时，例如在提出混合方法的研究（e.g., Guler, 2007; Uzzi, 1996）或多个实验（e.g.,Grant, Campbell, Chen, Cottone, Lapedis & Lee, 2007）时，它也可能是有用的。虽然有一个明确的铺垫和结局将这些研究联系在一起，但是上升和下降动作会在不同研究中重复出现。

将弗赖塔格金字塔应用于学术文章：一个例子。为了说明这在实践中是什么样子，我将用弗赖塔格金字塔来描述我和我的合著者尤里·米什纳（Yuri Mishina）、伯娜丁·戴克斯（Bernadine Dykes）、艾米丽·布洛克（Emily Block）在《美国管理学会学报》上发表的一篇文章《为什么“好”公司会做坏事：高愿望、高期望和高地位对企业违法行为发生率的影响》（Mishina et al., 2010）的故事结构。

铺垫部分包括引言和理论以及假设部分的第一小节。这部分为我们的研究奠定了基础，确立了核心的悖论，并提供了我们关键概念的背景：非法行为、内部愿望和外部期望。我们首先注意到许多关于为什么绩效好的公司不需要参与非法行为以及这样做的代价的争论，然后将之与实证研究和最近的有违常理的安然、世通和泰科等公司的实例相互对照。这就构筑了推动我们故事发展的研究问题，即为什么以及在什么情况下，著名的成功企业会冒险从事非法活动。引言部分通过表明以往的研究集中在公司绩效的绝对水平上，但没有考虑到一个公司的相对表现如何影响人们的看法和决策，从而为研究奠定了一定的基础。在文献中提出一个有趣的悖论并暗示解决方案，这对于让读者想要了解更多并继续阅读下去是至关重要的。

在理论和假设部分的第一小节中，我们明确地将公司违法行为定义为主要是通过潜在地增加收入或减少成本而使公司受益的非法行为。这一点是重要的铺垫信息，因为我们需要明确区分对公司有利的非法行为——我们研究的重点——与只让高管个人受益的非法行为，如挪用公款等。我们还介绍了其他两个关键概念，并强调了我们做出的两个关键假设。

由于我们的研究使用回顾性方式收集档案数据，我们显然无法准确评估高管们和在组织内实际采取非法行动的人的想法。因此，我们的第一个假设是公司高层管理团队的看法很重要，会影响公司的行动；第二个假设是，无论公司的高层管理团队成员是否自己决定实施非法行为，还是组织结构中级别较低的个人或团体实施非法行为，归根结底是因为高层管理团队建立和培养了组织机构的文化，它的期望水平以及继续满足或超越期望的压力导致了非法行为的发生。这就是如何开始打一个在后面的研究中将要解开的结。

一旦我们建立了人物介绍、背景故事、环境和未来问题的预示，我们就进入了**上升动作**阶段。在发展假设时，我们需要建立想要的理论张力，同时避免一些不想要的理论张力。我们面临的挑战之一是，对于我们所研究的关系，有多种从理论上推断出的可能机制：损失厌恶、赌资效应和高管自负。第一种机制认为个人为避免肯定的损失而愿意承担更大的风险，而不是为保护收益；第二种机制认为，当个人处于收益状态时，他们会承担更多的风险，因为他们是在用“赌场”的钱在玩（用了赌博的比喻），而不是用自己的钱来玩；第三种机制认为成功会使高管们变得傲慢，开始相信他们可以做任何他们想做的事，而没有严重的失败风险。由于它们都预测了相同的行为模式，而且它们中的任何一种或所有都可能在不同的公司中起作用，因此我们提出了这三种机制，并发展了我们的论点，而不考虑哪种机制可能在某一特定情况下起作用。

我们打结的关键是企业不可能无限期地维持高绩效，因为绩效始终存在向平均值回归的现象。此外，绩效的评估是相对于个人自己的愿望和他人的期望而言的，因此，即使是好的绩效，如果没有达到预期的效果，他们也会做出负面的评价。而且这些期望值会随着时间的推移而提高，这意味着行为者对同一水平的绩效的评估比以前更不利。这就导致了我们的论点，即一个公司的绩效越是超出他们的期望和其他人的期待，就越有可能从事非法行为以维持其较高的绩效。然后，我们考虑了一个公司的地位以及它所引起的对公司行为的关注是如何影响这些基本关系的。我们认为，更头部的公司会更敏锐地感受到不惜一切代价维持其高绩效的压力。

一旦我们确定了需要解决的矛盾，下一个问题就是如何检验我们的论点。这就引出了数据和方法部分，在这部分我们描述了我们的样本以及我们如何衡量非法行为、相对表现和公司地位。我们面临着一些挑战——例如，我们只能研究那些被发现有非法行为的公司，文献中对如何操作相对于愿望的绩效存在争议[1]，而且我们还有一些控制变量的缺失数据需要使用数据推算程序进行推算——也是我们必须明确地加以解决的问题。我们的分析方法包括使用样条函数法，将关键 IV 值区分低于和高于期望两种情况分别予以测量，从而使每种情况产生不同的斜率。这在我们做研究时并不常见，也需要做出额外的解释。

高潮发生在结果部分的开头一段。结已经完全打好了，我们在这一节中讨论一些描述性统计数据和控制变量的影响。

下降动作是解开结的地方。我们发现，我们的预测得到了良好的普遍支持，即企业绩效越是超过社会期望，企业违法的可能性就越大；而我们关于外部期望的预测则得到部分支持，主效应只有在我们将其与企业地位的交互作用包括在内时才显著。企业地位和社会期望之间的交互作用假设没有得到支持——在地位更高和更低的公司之间没有区别——而公司地位和外部期望之间的交互作用得到了支持。我们还进行了额外的分析，得到了一些意外的发现，并进行了稳健性检验，评估了之前的非法行为对我们的结果有什么影响。这些分析为我们的研究结果增加了一些细微的差别，并且帮助解开了这个结。尽管我们并没有假设当企业绩效低于预期时的交互作用，但我们确实评估了这些关系，作为我们的实证研究的一部

1 我们可以根据企业自身的历史表现来衡量愿望（历史愿望）、他人的先前表现（社会愿望）或两者的结合。我们尝试了这三种方法，发现历史愿望没有影响，而社会愿望和综合措施的结果是一样的，所以我们在分析中使用了社会愿望。

分。我们发现，当他们的绩效低于社会期望时，地位较低的公司比地位较高的公司更有可能从事非法行为。我们还发现，当绩效低于预期时，地位较低的公司采取非法行为的可能性不受影响；而当绩效越是超过预期时，从事非法行为的可能性实际上就越小。这就解释了为什么仅仅是主效应不显著。最后，我们从经验和逻辑上排除了“坏苹果”的替代解释。

结局由讨论部分和结论组成。在这里我们能够总结我们的发现，并从我们的分析中得出有趣的理论和实践意义。除了为我们的基本主张找到支持以外，我们还推测了为什么更多的地位较低的公司对高于期望的绩效有类似的反应，而对高于外部期望的绩效有不同的反应。在实践方面，我们得出了对那些监管和监督公司的人，以及对投资者和其他对公司施加无情绩效压力而导致非法行为的人的影响。我们的结论并不是最有力的，我们过度总结了我们的研究发现，尽管我们确实以一个我们所知道的判断作为结束，而不是呼吁未来的研究。

确定角色：主角、配角、龙套角色

弄清楚你的角色是谁，与了解他们将要经历的旅程同样重要。你的角色就是你的故事的主人公；他们就是那些踏上旅途并与他人互动的人。他们是你的主角或英雄，对手是可能阻碍主角和（或）与之竞争、在你的故事中制造紧张气氛的人；配角扮演着重要但辅助性的角色，可能只出现在一个场景中，或者提供必要的助力，或者在故事中制造障碍；还有龙套和临时角色，他们可能只有有限的发言权，或者没有发言权，却增加了丰富的内容，充实了场景，使其更加可信，并支持正在发生的行动。因为你的文章最终是关于解释你所研究的现象的理论，你的理论构架是你的戏剧中的人物，而不是那些可能正在经历或将其人格化的个人和组织。

主角。许多学术作者面临的一个挑战是他们还没有弄清楚谁是故事中的主角、配角和龙套角色。当主角和配角没有明确界定时，学术文章就不能很好地发挥作用，因为读者不知道该关注谁，也不知道故事讲的是什么。在学术写作中，你所理论化的中心概念和关键自变量和因变量的测量就是你的主角。如果你主要是对一个关键概念和影响其发生的因素进行理论研究——例如，如果你对是什么让一些首席执行官比其他人更有可能成为名人感兴趣——那么作为因变量的首席执行官知名度就是你的主角，影响它的因素则是你的配角。

相反，如果你在研究安全氛围和个人的神经质如何影响他们在工作中是否发言时，你是在理论上探讨环境和人格特征之间的相互作用，那么安全氛围和神经质就是你的主角，而发言是一个配角，因为它只是在这项研究中提供了一个有用的背景，而不是作为研究关注点的主要对象。在其他研究中，如果你专门对发言进行理论研究，那么它将是一个主角。

如果一个变量对另一个变量的影响是你故事的重点，那么自变量和因变量都是主角。例如，在研究首席执行官的薪酬对公司绩效的影响时，奖励的性质和结构（例如，短期和长期奖励工资的结合，或使用股票期权与限制性股票）以及考虑的绩效类型（例如，股价表现、会计绩效或企业社会责任）可以得到同等的重视。在我们的《为什么“好”公司会做坏事：高愿望、高期望和高地位对企业违法行为发生率的影响》的文章中，相对于内部愿望的绩效、相对于外部期望的绩效和非法行为是我们的主角，因为我们的重点是前者是如何影响后者的。

配角。配角对你的故事也很关键。他们不一定在整个故事中都出现，而且他们的背景和动机可能不像主角那样被彻底展开，但他们在推动故事发展和打结或解结方面发挥着重要作用。如上所述，他们可能会对主角产生直接影响，或者在某种程度上受到主角的影响。但在学术研究中，配角也经常充当中介者和调解者，影响着主要人物之间的关系，或他们如何受到他们所处环境的影响。在我们的《为什么“好”公司会做坏事：高愿望、高期望和高地位对企业违法行为发生率的影响》一文中，公司的头部地位是一个配角，它影响了相对于愿望和期望而言绩效如何影响非法行为的可能性，但这不是我们的主要关注点。

龙套角色。龙套角色是只扮演小角色的其他角色人物，帮助填充场景——将故事结合在一起，使之更加真实。在学术研究中，这些角色通常由控制变量扮演，这有助于排除其他解释，或以其他方式充实研究的背景。在我们的《为什么“好”公司会做坏事：高愿望、高期望和高地位对企业违法行为发生率的影响》一文中，我们的龙套角色包括各种不同的控制因素：与治理有关的变量（首席执行官 / 董事会分离、董事会规模、外部董事的百分比和高层人员的股权)、公司规模、公司松弛度(已吸收的、未吸收的和潜在的)、控制各种时间差异的年度虚拟变量以及环境的丰富性和动态性。

情节：人物在情境中的互动

这时候你可能会问(或不问)自己：情节是什么？情节不应该是故事的结构吗？斯迈利(Smiley)和伯特(Bert)认为，“情节是素材的组织。它是一种行动模式——场景、事件、描述和对话的安排——被组合成一个可感知的整体”。因此，在弗赖塔格金字塔的更为一般的五幕结构中，情节有助于塑造具体的内容和事物的顺序。情节确实提供了结构，然而问题是情节从何而来。它是在故事创作之前，还是从故事中产生的？

在回忆录或写作指南中，小说家斯蒂芬·金(Stephen King)和安妮·拉莫特(Anne Lamot)都坚持认为，情节是出现的，而不是形成的。金简明扼要地阐述了他们的观点，他说：“我认为，情节是好作家的最后手段，也是呆子的首选。由此产生的故事很容易让人觉得矫揉造作和费力。”他们都认为情节是当你把人物放在不同情境中看看会发生什么时从人物的互动中产生的。他们还指出，我们的生活是没有情节的，人生的结局或我们如何结束我们的人生往往很难预测，因此试图把情节强加给你的人物，可能会感到呆板，使故事失去戏剧性，而且让我们从一个点到下一个点的行动是不可信的，导致令人不满意的结论。如果你读到一篇文章其理论和观点是别扭、不当的，那么你读到的就是一篇情节先于故事的文章。

在这一点上，我可以想象做定性研究的读者正在点头并嘀咕着：“对，就是这样”，而以定量为导向的读者则大声呼喊：“等一下！但研究就是这样做的！”如果你对归纳法比较得心应手，这种创造情节的突发过程似乎很正常。然而，如果你的方法更倾向于演绎法，这可能会使你感到不安。我认为，一项研究无论是定性的还是定量的，都是一个突发的过程。我们形成了最初的想法，用金的话说就是：“就像百货公司橱窗里的陈列品或蜡像一样简单明了”，然后我们随着时间的推移不断发展和阐述它们。也就是说，在研究开始时，我们确定我们的主角，也许还有一些配角，把它们放在一个情境中，然后开始看它们如何反应。我们可能会增加一些角色，并放弃其他角色，发现我们的主角有我们没有意识到的优点或缺陷，或者发现一个配角真正发挥了主角的作用，最终影响着故事如何展开。例如，在我们的《为什么“好”公司会做坏事：高愿望、高期望和高地位对企业违法行为发生率的影响》一文的早期版本中，我们考虑了一个额外的配角——也就是公司声誉的调节作用。然而，因为我们的故事和情节需要一致，我们最终决定只关注公司的地位，放弃了声誉的调节作用。

作为学者，我们在写故事的时候虽然不一定会呈现出这个过程的每一个转折点（Hollenbeck & Wright, 2017），但情节就是这样发展的，或者说——如果你喜欢金的那个把故事比作等待被发掘的化石的比喻——被发现的。事先制定一个情节，然后将其强加给你的角色，更容易导致一个不完整的叙事，有逻辑上的漏洞和跳跃，这会使你的读者产生怀疑，而不是相信你所要讲述的故事。情节对于推动故事中的行动是很重要的，但它并不驱动你的人物和情境的互动——这由它们自身来推动。

主题和线索：故事的方向与具体路径

一个故事的主题，很简单，就是这个故事的内容。它是故事的真正方向，决定了什么是和不是无关紧要的。如果你所谈论的内容对故事的主题没有贡献，那么你为什么要谈论它？在学术文章中，主题是能够引导你的研究的问题。它可能是你开始时的研究问题或主题，也可能是随着研究的进行而出现的更有趣、更重要的问题。无论怎样，在整个写作过程中你都应该不断地返回以下问题：（1）这个故事的主题是什么？（2）我所写的一切是否有用以及是否有助于阐明它？如果不是，那么你将需要修改或删除你所写的内容，或者重新考虑研究的真正主题是什么。

与情节相关的是你的人物所遵循的一条或多条故事线索。这些是每个角色在其故事旅程中的具体路径。根据主角的数量，可能有多条故事线索，因为每个主角都遵循自己的和相关的路径。然而，每条故事线索都应该与故事的主题相关，而且理想的情况是这些故事线索最终会交汇在一起赋予故事一种凝聚感。许多学者面临的一个挑战是他们在太多不同的理论基础上衍生出太多的故事线索，导致他们的故事失去连贯性和重点，情节变得混乱和不一致。这个问题并不局限于学术界。斯蒂芬·金描述了他在写小说《末日逼近》（*The Stand*）时遇到的类似问题：当第一稿写到一半的时候，他已经有了很多的人物和子情节，以至于书中的人物和子情节都陷入了困境。他的解决方案是什么？他把一半的人物都去掉了，使他能够简单地终止那些不相干的故事线索。

学者们没有余力完全去除掉那些分散注意力的概念和理论，但可以积极地使用删除键来删除不相干的故事线索，从而把注意力集中在最关键和最有趣的那些部分。如果每一个新的概念都会带来一个相关的新理论，那么你就需要减少故事线索的数量。我不认为每篇论文应该只有一个理论，因为大多数新理论都是通过整合其他理论的部分内容而发展起来的。即便你喜欢那些离题的内容，但为了有效地组织你的故事，你可能也不得不忍痛割爱。不过，你可以考虑一下，这些离题内容是否可以成为一个完全独立的研究。

主题是贯穿整个故事的恒定路线，而支持主题的故事线索应增加上升动作，并在结局中得到解决。如果它们无助于回答你的研究问题、得不到解决或阻碍故事中的行动，那么它们就该被删掉。我们的《为什么“好”公司会做坏事：高愿望、高期望和高地位对企业违法行为发生率的影响》一文，主题是为什么绩效好的公司会付出成本从事非法行为。故事线索是：内部愿望和外部期望如何影响他们的决定，以及他们如何被公司的头部性吸引到他们的行为中来。虽然两个主角在论文的前面遵循着基本相同的故事线索，但我们发现的一个有趣的结果是他们的故事线索在结局中出现了分歧。有时，由于经历不同，主角们最终会走上不同的终点。这也是使故事有趣的部分原因。

在这一章中，我重点讨论了故事的宏观结构，以及如何在学术文章的框架内应用经典的讲故事结构。你可以做的一个很好的练习就是选择一两篇你认为很出色、很吸引人的研究文章，然后通读一遍，去判断它们是如何处理弗赖塔格金字塔要素、人物的识别和发展，以及情节、主题和故事线索的问题。你可以用同样的视角来看待你自己的作品，看看你的故事中哪些结构方面很强，哪些方面需要改进。

第二章 四个讲故事的工具

Storytelling tools

作为博士生的第一个学期，我上了一门名为“组织理论经典”的课。到最后我很喜欢这门课；它在我成为一名组织理论家的过程中发挥了重要作用，而且我自己也教了 15 年的组织理论博士生研讨课。然而，作为一个刚开始学习的博士生，我之前没有任何关于写学术文章的经验，阅读的是古老德国人翻译的似乎还保留了原始德语语法的作品，我感到非常痛苦。不过，在早期，我们还读了《科学管理原理》（*The Principles of Scientific Management*）的节选，书的作者是弗雷德里克·泰勒（Frederick Taylor）。尽管这本书的标题并不预示着会有什么有趣的内容，但泰勒为说明他的理论，讲了一个很棒的故事：搬运工施密特（Schmidt）的故事。

泰勒描述了他对一个适合的工人的需求：他可以培训这个工人，在可持续的基础上，让这个工人每天运输四倍于一般工人可装载到铁路车厢的生铁数量[1]。他找到了一个在伯利恒钢铁厂工作的人，施密特——“一个宾夕法尼亚州的小荷兰人，据观察他在傍晚工作结束后会小跑一英里（约 1.61 千米）左右回家，仍能像早上小跑着去上班时一样有精神……他在早上开始工作之前和晚上离开

---

1 一种廉价的钢铁制造副产品，在西班牙战争期间变得很有价值，每块“生铁”的质量大约为40.82千克。

之后为自己垒起小房子的墙”（Taylor, 1916: 43-44）。他还描述了施密特“非常爱”钱（即吝啬）。然后他用对话展示了他与施密特的交流，包括施密特的方言（“哦，我不知道您是什么意思”和“我每天要 1.85 美元吗？我是个高报酬的工人吗？”就是典型的例子），并描述了施密特如何通过遵循训练者的指示，每天达到目标（当时的价格是 1.15 美元）而获得报酬。他最后注意到，在泰勒为伯利恒钢铁厂工作的整个期间，施密特一直以这种速度运送生铁。

这个故事给我和班上的其他学生留下了深刻印象，这是一个很好的话题。在我的组织理论研讨会上，这个故事总能引起类似的反应。它吸引我们的部分原因是泰勒对移民和未受教育者的明显偏见（当时的典型情况），还有部分原因是那段笨拙的对话。然而，这也是一个有效的故事，因为泰勒采用了许多讲故事的工具，用施密特来说明他的科学管理原则。他为他的抽象原则赋予了人情味；他不仅仅告诉我们这些原则，还向我们展示了这些原则是如何运作的；他把自己放在故事中，使故事个性化；全文节奏良好，因此故事没有变得过于冗长，同时还提供了足够的描述性细节。因此，读者既能体会到故事中人物的特点，又能看到故事中的人物是如何用行动说明他的原则的；他使用了生动的措辞（例如，“小荷兰人”“小跑”“非常爱”）塑造立体化的施密特，并与故事的主题相一致。

讲故事的工具是对故事结构的一个重要补充。它们将故事从一幕推进到另一幕，使人物成为三维演员而不是纸板上的剪影，创造紧张和戏剧性，为读者获得释放的机会。很少有学术作者使用这些讲故事的工具。例如，令人震惊的是，研究人类行为的社会科学学者在写文章时，经常把人文的元素都删除了。没有人在做事，语言无味乏力，故事的进展要么太快要么根本不动，他们只告诉我们发生了什么但从不向我们展示，而且他们用正式和不近人情的语言与读者保持一定距离。在本章中，我将解释（并希望完全展示）如何在学术文章中有效地运用讲故事的工具。虽然技巧的范围很广，但我将重点介绍我认为特别适合学术写作而且很容易掌握的四种技巧：人情味、动态和节奏、讲述和展示，使用第一或第二人称。

人情味：动之以情，晓之以理

《纽约时报》（*New York Times*）编辑弗朗西斯·弗莱厄蒂（Francis Flaherty）在其著作《故事的要素》（*The Elements of Story*）中首先讨论了讲故事中人情味的重要性。他说："每个故事，即使是最枯燥的，都有一定的人情味。要把它们塑造好并展示出来。因为对读者来说，它是一面镜子和一块磁铁。"（Flaherty, 2009: 1）这一点在社会科学中最为真实，我们从不同的角度和不同的分析层面来研究人类的行为。我们所做的一切都应该体现出人情味的一面，即使我们谈论的是抽象的话题，如国家赤字、股票回购、贫困周期、认知过程、领导与成员的交流或品牌推广技术等。对许多学术研究的主要批评——它没有实际的或现实的意义——往往是由于我们在讲故事时缺乏人情味。如果读者看不出我们的研究为什么会对他们产生直接的、切实的影响，他们就不会理解它的重要性。

社会科学研究经常缺乏人情味的原因之一是，我们被训练并被期望完全基于逻辑来进行理性的论证，而人情味是有情感成分的。挖掘我们的理性话题的情感方面，可以使它们与读者产生共鸣。另一个原因是对描述和被动结构（我将在第三章中讲述）的过度依赖剥夺了行动者的表达渠道。我们需要更多地使用具体的例子，描述人们做的事情和经历，以说明我们所研究的事情，或作为其结果。

斯蒂芬·金指出："（读者）希望有一个好的故事……首先让他们着迷，然后把他们吸引进来，从而继续阅读。我认为，当读者认可书中的人物及他们的行为、环境和谈话时，这种情况会发生。"（King, 2000: 160）抛开泰勒的笨拙对话不说，在施密特的例子中他所做的就是援引人们认识一个人物，并通过他们的交往互动说明了一个抽象的概念。直接引用带方言的对话也能产生类似的实际效果。

弗莱厄蒂指出，使用演员正在表演的例子是赋予你的主题以人情味的最好方式。这可以是你的一个直接经验：例如，它可以是一个举例说明，就像我以作为博士生的自己作为本章的开篇；也可以是更深入的，如迈克·普拉特（Mike Pratt）在他对组织认同的人种学研究中描述了他加入安利的经历（Pratt, 2000）。它也可以是一个你在商业媒体或其他地方读到的故事，然后重复。比如说，在我们的文章《傀儡大师：自恋的首席执行官们如何构建他们的职业世界》（Chatterjee & Pollock, 2017）中，阿里吉特·查特吉（Arijit Chatterjee）和我借鉴了《我为钱狂》（*Mad Money*）主持人吉姆·克拉默（Jim Cramer）对摩根斯坦利迪安维特公司前首席执行官菲利普·珀塞尔（Phillip Purcell）的揭露，用珀塞尔的一些离谱的行为来说明我们的论点，说明自恋的首席执行官如何以不同的方式管理他们的董事会和高层管理团队。

第二个选择是让别人来叙述过去的经历。任何定性研究中都有大量的例子，如对信息提供者的访谈；直接引用个人描述其经历的商业媒体文章也很有用。弗莱厄蒂认为不太有用但也很有价值的是报告第三方对事件的描述，特别是如果他们是直接从事件的经历者那里听到的故事。弗莱厄蒂还指出，你可以编造轶事，尽管你需要明确它是编造的。海伦·索德（Helen Sword）将这些虚构的叙述称为“场景”。

这种方法的一个巧妙例子是特德·贝克（Ted Baker）在《商业风险期刊》（*Journal of Business Venturing*）发表的文章，该文章是专注于创业中的叙述和想象的专刊的一部分。撰稿人得到了相同的叙述，内容是两位创业者为开一家玩具店而寻找资金。贝克的文章，“通过想象几个参与者的话语和观点来分析‘玩具店（故事）’的叙事，而不是从别人口中得知这个故事”。（Baker, 2007: 694）贝克从其他三个角度——银行的贷款官员、租给他们店面的业主和企业家的岳父——重新想象了这个故事（最初从企业家的角度讲述）。他假想了对话来说明其他人是如何看待这种情况并做出决定的，“以便描述并展示一些关于‘混搭’[1]的观点……在创业组织的理论和实践分析中得到应用，并为未来的研究提出一些有前景的领域”。

1 混搭是一个“凑合”的过程，即利用原本用于其他目的并且可以廉价或免费获得的资源，以达到某种目的。例如，利用发电机的冷却系统产生的温水来种植水培番茄。（Baker & Nelson, 2005）

（Baker, 2007: 695）

无论你是描述自己的经历，还是提供第一或第二手的资料讲述他人的经历，抑或是创造虚构的场景，弗莱厄蒂指出了三种技巧，它们将帮助你的人物变得栩栩如生，让读者感受到你所描述的人的感受。首先是使用直接引语或对话。使用口语会产生共鸣，因为它听起来更加可信和“真实”，使人更容易想象到人物和他们的经历；它还让情感得到流露。这就是为什么一个真正好的引语可以如此令人难忘。只要想想你最喜欢的电影语录，为什么它能引起你的共鸣、让你记忆深刻？有可能是它包含了语言表达的场景和蕴含的情感。

第二个技巧是描述演员的身体语言。这很微妙，但紧握的拳头、皱起的眉头、闪亮的眼睛和狡猾的笑容都传达了不同的情感，并以最少的文字赋予你的角色以立体感。第三种技巧是描述个人的身体动作。大步走到房间前面，停下来跪着抚摸一只老狗，以及在回答问题前保持沉默，这些都能传达关于人物的有用信息。这就是为什么对施密特的描写——每天“小跑”着去上班和下班以及“为自己垒起小房子的墙”——能够为泰勒要寻找的个人类型提供重要洞察力。

最后，我在弗莱厄蒂的列表中增加了第五个选项：让读者通过反问来把自己的人情味加入到故事中。这种技巧在以下情况特别有用：当篇幅有限，或者列举一个较长的例子会破坏文章的流畅性时。反问促使人们反省并产生读者肯定能理解的例子。例如，在《美国管理学会学报》“编辑寄语”专栏中，我和乔伊丝·博诺（Joyce Bono）讨论在学术写作中使用讲故事的方法时，用以下的反问开始标题的一节："当你在书店里浏览时，你如何挑选要买的书？"虽然我们随后给出了自己的答案，但希望这能引发读者想象他或她自己买书的情景，把他们的人情味加入我们的故事中。以"你是否曾认识一个人……"或"你是否曾遇到过这样的情况？""你是否曾经在某种情况下…… "这样的问题也可以让读者把自己的人情味融入你的故事中。

动态和节奏：讲故事的动作及速度

第二个关键的讲故事工具是管理故事的动态和节奏，故事既需要动作也需要评论——弗莱厄蒂用划船来比喻，将其称为"划桨"和"滑行"。你如何结合它们，这决定了你故事的动态和节奏。动态的结果是动作将故事向前推进，把我们从一个场景和行为带到下一个场景。弗莱厄蒂描述了几种可以创造动态的动作。**自然的**动作是你期望在场景中看到的动作和行为类型。**隐蔽的**和**未来的**动作描述了你看不到的动作（例如，社会动态或认知过程），或尚未发生但可能或将要发生的动作。**心理**动作不涉及物理运动，但通过注入新的想法创造变化或转变。最后，**想象的**动作是使用比喻和隐喻描述的动作，为叙事增添动感。

节奏是你的故事展开的速度，取决于你如何分配及混合动作（划桨）和评论（滑行）。弗莱厄蒂说："好的故事是一个轻快的旅程，读者总能感觉到清风拂面。"但他也指出："写作需要节奏，需要不慌不忙地揭示事实，让读者有足够的时间在一个想法上停顿下来，吸收它并思考它。”（Flaherty, 2009: 86）

你是否曾经参加过一个导游团，导游把所有的主要景点都说了一遍，但没有留下提问和小小思考的时间？或者说，你是否曾经参加过这样的旅游，导游花了那么多时间来唠叨细节和背景，以至于你感觉背部开始疼痛，你会想：“我们就不能继续吗？”（这是个反问句！）动作太多、评论太少的文章就像前者，而评论太多、动作太少的文章类似于后者。正如乔伊丝和我所描述的（Pollock & Bono, 2013: 630）：

> 动作太多、评论太少的学术文章往往包括对其他研究结果的快速陈述（例如，在“研究［1］探索了［X］”“研究［2］发现了［Y］”），但没有讨论这些研究之间的关系，也没有用它们来建立假设，对数据和方法的描述缺乏关键细节，对结果的解释或对其他解释的讨论很少。这些文章可能很短，而且有动态，但节奏是强迫性的，让人难以阅读。
>
> 评论太多、动作太少的文章往往有冗长的前言、广泛的文献回顾、详细的背景描述、重复的论证以及对测量冗长的描述。它们把我们带到统计技术的底层（通常有大量的方程式），对结果进行过度解释，并报告所有想象中的稳健性检验（脚注的发明是有原因的）。它们的评论太丰富了，缺乏动作，它们的节奏是缓慢的。

在宏观层面上，评估你的文章是否有合理的动态和节奏的一个方法是看文章的每个部分有多长。作为一般的经验法则，大多数管理类期刊的定量研究稿件——在排版之前，不包括摘要、参考文献、表格和数据——篇幅为 35 ～ 40 页[1]，使用双倍行距和 12 号新罗马字体[2]。引言应占总篇幅的 10%（3 ～ 4 页），理论和假设部分占 35%（12 ～ 14 页），方法和结果部分占 35%（12 ～ 14 页），而讨论部分占 20%（6 ～ 7 页）。定性研究通常篇幅更长（有时长出 20%～ 30%），用于理论背景的篇幅通常较少，而更多的篇幅用在研究背景和结果部分。理论文章通常较短（30 ～ 35 页），阐述新理论的篇幅更多，没有方法和结果部分。

表 2-1 提供了管理学中每种类型文章的建议页码。这些只是粗略的指南，你应该看看你的特定领域的稿件，以评估占多少百分比是最合适的[3]。然而，如果你的稿件的部分或整体明显偏离了你所在领域的典型百分比，可能就有动态和节奏方面的问题。如果章节文字过少，可能需要更多的描述和阐述，而那些较长的章节则需要好好删减一下。

1 按每页约350单词计算，这相当于12 000～14 000单词。

2 因此，总体稿件篇幅通常为45～55页。尽管有些期刊有更短的页数限制。

3 这些章节的篇幅估计也会随着时间的推移而变化。例如，30年来，由于更强大的计算机和在线数据库增加了复杂的分析工具和可纳入模型的变量的可用性，文章的方法和结果部分通常变得更长。

表2-1　管理类文章章节长度的经验法则

	定量	定性	理论
总长度	40～45页	45～52页	30～35页
引言	10%（3～4页）	7%（3～4页）	10%（3～4页）
理论和假设	35%（12～14页）		
理论背景		12%（5～7页）	
文献回顾			15%（5～6页）
理论发展			55%（16～18页）
背景		7%（3～4页）	
方法		20%（8～10页）	
方法和结果	35%（12～14 页）		
研究发现		35%（15～18页）	
讨论	20%（6～7页）	19%（8～10页）	20%（6～7页）

在更微观的层面上，除了插入动作之外，还有几种创造动态的不同方法。弗莱厄蒂建议采用“涡轮动词”——强烈的、积极的动词，以创造动感，即使它们描述的是与较弱的动词相同的东西（例如，用“推”代替“粘”或“放”；用“粉碎”代替“打败”或“击败”竞争对手）。弗莱厄蒂也建议使用“往复”，在一般和具体（或抽象和具体，或广泛和集中）的陈述之间移动，也创造了一种运动的感觉。最后两个句子就是一个往复的例子。正如我在第三章所讨论的，不同的句子和段落长度也可以加强或延缓你的动态和

节奏。使用同义词，尤其是动词（但绝不是为理论建构），也可以创造一些动态。比较“不能改变其做法的组织将无法跟上环境变化的步伐，因此无法满足顾客不断变化的需求”与“不能调整其做法的组织将落后于环境的变化，从而无法满足顾客不断变化的需求”，哪个句子有更多的动作？（答案是第二句）弗莱厄蒂还指出，尽管涡轮动词和感叹号等表达性标点很有用，但我们应该策略性地使用它们。过多地使用任何一种标点符号都会导致文章像 14 岁孩子的短信般难以卒读。

你也可以使用好几种技巧来控制节奏，以便于读者能够以合理但不急躁的速度理解和吸收你的观点。弗莱厄蒂指出，作者常常因为急于求成而堆积文字。他主张使用“空”词在关键的观点和含义丰富的术语周围创造一些空间，以便读者能够吸收它们。诸如“就是”“例如”和“有”，再加上标点符号——比如分号和破折号（长的那种，像“——”）——提供“令人舒心的停顿”。（Flaherty, 2009: 86）另一种增加空间并混合动作和评论的方法是使用旁白，如用括号或用连字符或逗号分隔的语句，在动作中再插入一点儿描述。我对上面的破折号的解释就是一个例子。

最后，弗莱厄蒂还建议使用“右支句”，在这种句子中，动作集中在前面，后面是描述，以帮助平衡动态和节奏。“他们可能认为高管的自恋是随着组织运作伴随而生的——对那些必须忍受它的人来说是烦人的，对那些自我陶醉的首席执行官来说是笑话的素材，仅此而已”（Chatterjee & Hambrick, 2007: 352）就是一个例子。你也可以在一个段落中采用类似的结构，第一句提供动作，随后的句子提供评论。查特吉和汉姆布瑞克（Hambrick）在推测为什么学者们没有对首席执行官的自恋进行大量的研究时，使用了右支段落：

> 首先，他们可能认为源自希腊神话的自恋是一种虚幻或非专业的概念，没有良好的心理科学基础，但心理学家们已经将精神分析的自恋概念扩展到了大样本心理测试的领域。因此，自恋通过了当代严格的建构效度测试。（Emmons, 1987; Raskin and Terry, 1988）研究表明，自恋是一种人格维度，而不仅是一种临床疾病，而且个人可以在这个连续体上被可靠地定位。

第一句话提供了动作，随后的句子提供了评论。

最终，确定动态和节奏问题的最好方法是向读者征求反馈意见。如果读者在阅读你的文章时开始打哈欠，或者把它放下，那么原因通常是缺乏动态；如果他们感到烦躁和困惑，那么节奏就太快了，需要更多的评论。这就是为什么我在第九章中讨论的友好评论是如此重要。随着经验积累，你会对自己讲故事时的拖沓或过于仓促产生良好的感觉，但外部意见总是有帮助的。

讲述和展示：让抽象的概念变生动的语言技巧

海伦·索德认为，精致的学术写作既需要展示也需要讲述。我们告诉读者一些抽象的想法、过程或概念，然后向他们展示它们是什么样子。上面所述的各种为文章增添人情味的手段都是展示的例子。然而，索德还指出，比喻、隐喻、暗喻和拟人化是其他的展示手段。这些语言技巧可以使抽象的概念和想法对读者来说更加生动和具体。

比喻是在不同的事物之间进行比较，通常使用的词有“像”或“作为”。布里斯科（Briscoe）和萨福德（Safford）在谈到“尼克松在中国”的影响时使用了一个比喻，指出“就像冷战时期理查德·尼克松（Richard Nixon）总统在1972年对中华人民共和国进行的出人意料的访问，影响了其他国家与中国建交一样，抵制激进主义的公司采取的做法向主流公司表明，一种提倡的做法已经失去了争论的意义”。

隐喻类似于比喻，因为它们通过与其他事物进行比较来唤起人们的印象，但这种比较是隐性的，而不是显性的；也就是说，没有“像”或“作为”。例如，我和李佩姬（Peggy Lee）、金圭峰（Kyuho Jin）和基沙·拉什利（Kisha Lashley）的研究《解开谜团：探讨风险投资公司的声誉和地位的非对称协同演变》使用了隐喻。（Pollock et al., 2015: 482）布里斯科和萨福德也使用了隐喻，他们说：“但随着时间的推移，以及**一波一波动态行动**的积累，某些简单的主题，如抵制或服从激进主义被恢复、加强、澄清并**交织**在商业文化的社会**织物**中。”“一波一波动态行动”“交织”和“织物”都是比喻。

暗喻将抽象的概念与人们已经熟悉的故事和形象联系起来。例如，德富斯（Derfus）、马吉蒂（Maggitti）、格里姆（Grimm）等人使用“红皇后”效应[1]来描述竞争动态，“公司的行动在提高绩效的同时，也增加和提高了竞争对手的数量与速度，这反过来又会对最初的公司的绩效产生负面影响”，引用了刘易斯·卡罗尔（Lewis Carroll）的《爱丽丝镜中世界奇遇记》（*Looking Glass about Alice's adventures in Wonderland*）中的一个著名场景。研究中的“黑匣子”讨论（e.g., Hambrick, 2007），是另一个暗喻的例子——它对未观察的过程进行理论化，但没有进行实证经验研究。

最后，拟人化是将人类的特征归于非人类的东西。因此，“组织学习”（Levitt & March, 1988）就是一个拟人化的例子。布里斯科和萨福德也采用了拟人化的方法，他们声称“媒体倾向于将埃克森公司对一系列激进主义问题的反应描述为‘顽固的’‘对抗性的’以及植根于‘挖墙脚’的文化”。

因此，展示并不要求扩展例子或轶事。它可以是简单而微妙的，就像用来描述你的角色及其行为的形容词和动词一样。如果你只告诉读者你的想法，他们注定会埋没在干旱的文字沙漠中。（隐喻！）通过实例、比喻、隐喻、暗喻和拟人手法，向人们展示你的想法。

---

1 这个典故最初是由进化生物学家利·范·瓦伦（Leigh Van Valen）创造的，指的是这样一个场景：爱丽丝竭尽全力地奔跑，却没有任何进展，红皇后说：“来，你看看，你要尽全力跑，才能保持在同一个地方；如果你想去别的地方，你必须用至少两倍的速度跑！”（Carroll, 1960: 345, quoted in Derfus et al., 2008: 61）

使用第一或第二人称：使你的写作娓娓道来

哪种场景对你来说更有吸引力：与朋友边喝咖啡边聊天，还是在一个500人的演讲厅里听讲座？除非演讲者有罕见的、像奥普拉·温弗瑞（Oprah Winfrey）那样的能力，让听众觉得她或他只是在和他们交谈，不然我敢说答案是前者。使你的文章个性化，通过使用第一人称代词如“我”和“我们”以及第二人称代词如“你”和“你的”，开些小玩笑，利用旁白以及以其他方式拉近与你的读者的距离，而不是把他们推开，增强你的写作的故事性。然而，学术界的作者们却经常对他们的读者采取强硬的态度，通过第三人称结构创造一个非个人化的声音，与他们保持距离，使用抽象的名词——或者根本就没有名词——作为主语，并且不提供轶事、旁白或幽默来使他们的论点鲜明或富有启发意义。（Sword, 2012）事实上，索德发现，自然科学家在使用第一人称代词使他们的写作更具个性化方面，做得比研究型的社会科学家好。

这看起来像什么呢？作者通过使用“本研究认为”“研究探索”或“已经表明”这样的短语，而不是“我研究”“我们研究”或“我们发现”，将他们所说的内容非个性化。“我为我的研究确定了200家公司”变成了“本研究确定了200家公司”——我们并不熟悉它们。掌握你的想法和行动的所有权并明确指出谁在行动：你、你的读者，一个公司、一个研究参与者或一个信息提供者。作者们有时会试图指称自己，却不太成功，使用“这位作者”或者我最讨厌的“本作者”这样的短语。啊！现在就杀了我吧！求你了，请不要这样做，就说“我”。

那么，学者们为什么要这样做呢？索德提出了两个原因：第一个原因是缺乏自信，这导致作者试图让自己听起来更有“学术性”或“科学性”；第二个原因是在某些时候他们试图娓娓道来的做法被他们的顾问、编辑或其他更高级的把关人责骂了。我再补充第三个原因：我们（包括我自己）这样做的原因是，我们读了太多这样的作品，以至于它渗入了我们的潜意识中，而我们甚至没有意识到自己正在这样做。那么，我们如何对付它呢？第一步，就像任何好的康复计划一样，是接受。我们都在这么做，它就在我们身边。第二步是自觉。注意你正在写的东西，特别是在你修改的时候，把你自己重新注入你的作品中，使之更加娓娓道来。第三步是积极尝试并改变你的行为。实验。有意识地尝试在你的写作中变得更加轻松。说“我”和“我们”。添加一些小笑话或旁白[1]。学术研究不是单口相声，但轻松一点儿的东西可以使你的工作个性化，并有助于你表达宏大的观点。大声读出你写的东西，看看是否听起来像你会说的话。如果它听起来很呆板和尴尬，改变它使之更加娓娓道来，并使你的读者成为对话的一部分。至少要时不时地直接向你的读者讲话，也许可以使用我上面讨论的一些技巧。使你的写作更加娓娓道来并不会降低其学术性（尽管在审稿过程中，一些严格的家伙可能会抱怨），但它确实使你的文章更容易理解，信息更容易传达，这才是重点。

---

1 这在跨文化背景下可能特别困难。我以前的一位留学生说，看喜剧、阅读备忘录和博客文章帮助她更好地了解什么是美国人的乐趣。

在这一章中，我描述了一些讲故事的工具，你可以很容易地应用于学术文章：添加人情味、动态和节奏、讲述和展示，并使你的写作更加娓娓道来。我提供的各种例子表明，这些技巧经常被用来使学术文章更有吸引力和可读性。我鼓励你重读你最喜欢的文章，寻找这些工具的例子，并在自己的写作中尝试使用这些工具。

第三章

故事的组成部分：词语、句子和段落

The building blocks of storytelling: words, sentences and paragraphs

当我还是个孩子的时候，我每周最有意思的事是看周六早上的动画片。美国三个主要电视网络，分别是美国广播公司（American Broadcasting Corporation, Inc, ABC）、美国全国广播公司（Nantional Broadcasting Company, NBC）和美国哥伦比亚广播公司（Columbia Broadcasting System, CBS），都在早上 7 点开始播放，并一直持续播放到中午。我把我的豆袋椅拖到电视前，拿起一个妈妈每周都会买的特别的“星期六早上甜甜圈”，然后把自己安顿好，直到《美国大舞台》（*American Bandstand*）开始，标志着卡通片结束。

同 20 世纪 70 年代在美国长大的许多孩子一样，看星期六早上《校园摇滚乐》（*School House Rock*）提供的动画片也是我学习数学、英语和公民学的地方。《校园摇滚乐》是美国广播公司在每周六早上播放的一组短小的插播式卡通片，使用朗朗上口的曲调和故事，并配以欢快的 70 年代的时尚动画，教孩子们乘法（《我的英雄零》《顽皮的数字九》《小十二脚趾》）、语法（《动词：这就是正在发生的，洛丽，洛丽，洛丽》《让你的副词在这里》《连词》）、美国历史（《震惊世界的枪声：序言》）和公民学（《我只是个法案》）。因此，每个到了一定年龄的人都能唱出宪法的序言，知道 3 是一个神奇的数字，并记住“‘和’‘但是’和‘或’可以让你走得很远”。

我从《校园摇滚乐》学到的语法基础知识今天仍在使用。写作远不止是语法，但是理解语法——不同词语的作用，以及如何将词语编入句子，将句子编入段落，将段落编入故事——对于清晰、有效的写作和讲故事来说至关重要。《校园摇滚乐》还让我知道，词语的音律对于提高理解力和增强感染力至关重要。然而，这不会是一个纯粹的语法章节。语法的技术性问题很快就会变得深奥，而且说实话，我仍然很难把许多术语搞清楚[1]。虽然我根据我所看到的学生和作者曾经犯过的错误提供了一份文体和语法方面的注意事项清单，但我更愿意将语法的讨论纳入更广泛的讨论中去，主要涉及清晰的写作、主动的写作，以及声音、节奏和韵律在写作中的重要性。

清晰的写作：严谨而有格调

什么是“清晰”的写作？让我们先来定义它的对立面：“杂乱无章”的写作。写作专家威廉·津瑟（William Zinsser）说：

> 杂乱无章是美国写作的通病。我们的社会被冗赘的文字、循环的结构、华而不实的修饰和无意义的行话……所

---

1 关于语法和标点符号的出色且易懂的处理，我推荐《罪与句法》（*Sin and Syntax*）（Hale, 2013）、《熊猫吃射走》（*Eats, Shoots & Leaves*）（Truss, 2003）和《最好的标点符号书，句号》（*The Best Punctuation Book, Period*）（Casagrande, 2014）。

> 扼杀。每一个没有作用的词语，每一个可以成为一个短词的长词，每一个副词都带有与动词相同的意思，每一个被动的结构都让读者不知道谁在做什么——这些都是数千种削弱句子力量的掺杂物。

清晰的写作与杂乱无章的写作正好相反。它是简洁的，没有不相干的词或短语，它尽可能使用最简单、最直接的词语；它是积极的、生动的，在不知不觉中触动读者；它是透明的，没有晦涩和模棱两可之处，因此容易理解。清晰的写作既不枯燥也不呆板；它严谨而有格调，但也没有阻碍动态和妨碍理解的过度修饰。

如果像老话说的那样，清晰的思维等于清晰的写作，那么为什么这么多的学术写作会如此混乱？是学者们的思维过程如此无可救药的糊涂？还是他们有意或无意地用杂乱无章的文字来混淆他们清晰的思维？虽然在某些情况下答案是前者，但我认为在大多数情况下是后者。鉴于学者们在精确论证的基础上花了许多时间进行精心设计研究来澄清他们的见解，那么，为什么他们在向世界展示他们的观点时，会自我破坏呢？写作专家们提出，杂乱无章的写作的主要原因是恐惧、傲慢和炫耀的欲望（King, 2000; Sword, 2012; Zinsser, 2006）。学者们担心他们的想法会显得太简单和不言而喻，所以他们试图用无关或者不实的内容进行扩充，使它们显得更宏大、更重要；或者使用专业术语和冗长晦涩的词语来显示他们比读者聪明得多，并使用华丽的辞藻和雄辩来展示他们的技巧。

那么，这是否意味着如果我们克服自己和我们的不安全感，我们的写作就会神奇地变得更清晰？不，还有其他更隐蔽的因素在写作过程中施加影响而导致写作杂乱无章。首先，我们面对的是关于什么是“学术”的所谓文化规范——往往在我们成长的关键时刻被善意但误导的导师、编辑和审稿人强化——这些规范越是重复，越是成为自我实现的预言。更糟糕的是，通过与学术写作的日常互动，我们沉浸在杂乱无章的文字中。这就造成了认知上的固化（Dane, 2011），渗透我们的精神世界，以至于我们不再能认识到我们的写作是多么杂乱无章。事实上，作为一名新入学的博士生，我面临的最大挑战之一就是学习如何“阅读”学术文章。在熟练破译杂乱无章的文字过程中，我们慢慢地沉沦在它的沼泽中。

清晰的写作并不简单，它需要大量的艰苦工作和修改，因此，有一句著名的格言：“我本来想写一封更短的信，但我没有时间。”[1] 威廉·津瑟在他的《写作法宝》（*On Writing Well*）一书中有力地论述了清晰的写作，而英国《星期日泰晤士报》（*The Sunday Times*）和《泰晤士报》（*The Times*）的编辑哈罗德·埃文斯（Harold Evans）就这一问题写了一本精彩的书《听明白了吗？》（*Do I Make Myself Clear?*）。这本书不仅对清晰的写作方式提供了很好的见解，还充满了一些作者对已发表文字的修改以使其更加清晰的例子。我

1 这句话被认为是马克·吐温（Mark Twain）、萧伯纳（George Bernard Shaw）、伏尔泰（Voltaire）和温斯顿·丘吉尔（Winston Churchill）等人用不同方式所写的，根据谷歌问答（Google Answers）（http:// answers .google .com/ answers/ threadview ?id = 177502），它起源于布莱斯·帕斯卡尔（Blaise Pascal）在1656年写的一封信。原话并不像这句箴言那样精辟，而是：“如果不是因为我没有时间把它缩短，我是不会把它写得这么长的。”

鼓励你阅读这两本书，以全面了解清晰写作的内容和方法。这里我指出了困扰学术写作的五种病态，并提供了一些补救措施。我没有把消极的意见包括在里面，因为我认为积极写作是非常重要的，应该有自己的章节。

学术写作的五种病态：臃肿、藏头、句肥、猜测、浮夸

臃 肿

我是超级英雄电影的粉丝；《复仇者联盟终结之战》（*Avengers Endgame*）中最令人难忘的是“胖雷神”。在影片开场时，之前身材魁梧、自信满满的雷神变成了一个浮肿、自怨自艾的酒鬼。为了实现这一视觉效果，身材魁梧的演员克里斯·海姆斯沃斯（Chris Hemsworth）不得不把自己填塞进假体脂肪衣中。就像“胖雷神”一样，许多本来很好的句子也因为穿上了不必要的肥大衣服而变成了臃肿的卡通形象。多余的废话使手稿膨胀，使棱角分明的文字变得暗淡无光。删除多余的词语，就能让你的句子不再臃肿，并解决语言杂乱的许多其他病态。

斯特伦克（Strunk）和怀特（White）在解释他们著名的“第17条规则：省略不必要的词语”时说，“一个句子不应该包含多余的词语，一个段落不应该包含多余的句子，同样的道理，一幅画不应该有多余的线条，一台机器不应该有多余的零件”。这并不意味

着每个句子都必须是短的；复杂的长句子也可以，甚至可以成为一系列短句的一个经济的替代物。但是，每一个字都必须是必要的，并为一个目的服务。例如，上一段的最后一句话原来是："删除多余的词语，不但能让你的句子不再臃肿，而且也是处理语言杂乱的其他病态的关键"。（Removing excess words not only takes the fat suit off your sentence, it is also the key to dealing with the other pathologies of cluttered language。26 个单词）删去"not only"，并以"addresses"代替"it is also the key to dealing with"——可以使句子的长度减少 1/3，同时增加了句子的清晰度。

多余的赘肉会以各种方式潜入句子。以这句话"研究表明，获得高地位是一个普遍的动机"为例，这里的脂肪在哪里？"研究表明"对提高我们的理解有必要吗？那"地位"呢？当把这个句子缩短为"获得高地位是一个普遍的动机"，除了冗词，什么都没有遗漏。而且修改后的句子也更具有陈述性和主动性。虽然你不想被发现做出没有根据的断言，但如果你有支持你观点的引文或其他证据，那么就没有理由拐弯抹角、含糊其辞。

学术写作中还可以找出很多其他的例子。"符合资源协调理论的宗旨"，这句话没有"的宗旨"也可以。"in order to"总是可以缩短为"to"，"其原因是"可以用"因为"代替。"现有的"是学术界的另一个最爱，可以删去。"现有的研究表明"总是让我困惑，因为不存在的研究不能说明什么。学术界的另一个最爱是"澄清"，即对某一事物进行定义，然后在诸如"或""即"和"换句话说"等短语之后再次定义。澄清技术术语是可以的，否则你真的需要考虑为什么需要“其他词语”，以及澄清的词语是否是你首先应该使用的词语。

黑尔（Hale）指出，介词短语是杂乱的另一个来源。介词短语由介词、其宾语（名词或动词）和用于修饰宾语的其他词语组成（Hale, 2013）。最经常使用的介词是 to、of、about、at、before、after、by、behind、during、for、from、in、over、under、with。黑尔提供了这个简单的测试来识别介词：如果你把这个词放在“日志”前面，并且这个短语有意义，它就是介词。虽然介词有重要的作用，但被动式结构中介词短语往往是不必要的，而且往往比单一的形容词和副词要弱。一定要考虑你是否可以删除介词短语或用一个更优雅的词来代替它。斯特伦克和怀特还指出，肯定句形式（“他同意”，而不是“他不反对”；或“结果不支持假设”，而不是“由于缺乏经验支持，我们不能否定无效假设”）总是能缩短句子。

以一篇著名经济学文章中的这句话为例：

> 当发起和实施重要决策的决策管理者不是主要的剩余索赔人员，因此不承担其决策的主要财富效应时，控制决策过程中的代理问题就很重要。（Control of agency problems in the decision process is important when the decision managers who initiate and implement important decisions are not the major residual claimants and therefore do not bear a major share of the wealth effects of their decisions.）

你能找到那些词不达意的否定形式和不必要的介词短语吗？“不是主要的剩余索赔人员”和“不承担”是否定的；“代理问题”“决策过程”和“其决策的主要财富效应”是不必要的介词短语。最后一个短语实际上是两个介词短语的堆积。将这句话改写为“当结果没有给决策者带来经济后果时，控制代理问题是重要的”（Controlling agency problems is important when outcomes create no financial consequences for decision makers.）。结果是 14 个单词，而不是 41 个单词，而且可以解决这两个问题。脱掉肥大的衣服，展示你的句子鼓起的肱二头肌和六块腹肌。

藏　头

藏头是学术界的另一个最爱。记者们用这个词来描述主语被深埋在文章中的故事。我使用藏头一词来描述主语被长长的开头句埋藏的句子，即哈罗德·埃文斯所说的“掠夺性从句”。这些从句通常是作者试图插进故事的限定性或补充性事实。正如埃文斯所指出的，“是可以给主句配一个简洁的从属介绍成分，比如以一个介词短语提供背景，但你不希望喋喋不休到当你最终抵达句子的主语时读者已经失去兴趣或者没有注意到”。

经常发生的情况，特别是在学术文章中，是作者在提出结论本身之前就在为他们的结论辩护。在下面这篇被高频引用的社会学文章的例子中，主语被埋没在两个句子中：

> 在对前现代文化的观察中（e.g., Durkheim 1915; Douglas 1966; Berger and Luckman 1966），这些想法是常见的，并用于解释我们经常赋予这类社会的停滞形象。因而有趣的是，行动者受限于所接受的模式的想法，展现了一条贯穿许多关于现代组织和市场的思考，重要但不成体系的线索。
>
> These ideas are familiar from observations of premodern cultures (e.g., Durkheim 1915; Douglas 1966; Berger and Luckman 1966) and are responsible for the image of stasis that we frequently ascribe to such societies. It is thus interesting to note that the idea that actors are constrained by accepted models represents an important but underrecognized thread that runs through much thinking on modern organizations and markets. (65 words)

这里的主要观点是什么？在前现代和现代社会中观察到的由所接受的心理模式造成的缺乏变化这一事实，没有被充分认识到。不过，我们读到第 54 个单词的时候才知道这一点。我把这两句话合并成一句话："未充分认识到在现代社会和前现代社会中同样存在着因坚持已被接受的心理模式而阻碍变革。"（Underrecognized is that the barriers to change created by adherence to accepted mental models exist equally in modern and premodern societies.）这句话有 21 个单词（如果再加上参考文献，就是 30 个单词），而且主要观点又回到了前面的位置。

句　肥

你是否曾经历过一个孩子唾沫横飞地告诉你他们发生了什么事，或解释为什么他们对刚刚发生的坏事没有责任的时刻？在这两种情况下，孩子们都试图将尽可能多的不同想法和解释塞进一句话里，有时还会有多个旁白和分支。学者们也是如此，通常由逗号、小括号和破折号引出内容。如果你的句子中有多个“而且”“进一步”“此外”等字样，你可能在一句话里塞进了太多的想法。

以我们的老朋友弗雷德里克·泰勒的《科学管理原理》（*The Principles of Scientific Management*）中的一句话为例：

> 同样，对每个雇员来说，最大限度的成功不仅意味着比所在同级别的人得到更高的工资，而且更重要的是，它还意味着每个人都能达到他的最高效率状态，以便他能够从事与他的自然能力所适合的最高等级的工作，而且还意味着在可能的情况下，给他提供这种等级的工作。（In the same way maximum prosperity for each employee means not only higher wages than are usually received by men of his class, but, of more importance still, it also means the development of each man to his state of maximum efficiency, so that he may be able to do, generally speaking, the highest grade of work for

which his natural abilities fit him, and it further means giving him, when possible, this class of work to do.）

这个 78 个单词的句子是个庞然大物，它充满了肥肉，它在一个句子中结合了最大限度的成功和最高效率这两个概念，而且它埋没了关于最高效率的线索。你可以把句子拆开来，让每个想法都能成句，让它们各自发光。例如："最大限度的成功意味着为最适合从事的最高等级的工作支付高于平均水平的工资，还要求通过定期给他们分配这样的工作，将他们的自然能力发展到最高效率。"（Maximum prosperity means paying men higher than average wages for the highest grade of work they are best suited to perform. It also requires developing their natural abilities to their maximum efficiency by regularly assigning them such work.）这两个句子只包含 38 个单词，表达了同样的意思，并且分别对待每个观点。

分支和旁白并不总是坏事，正如你可能已经注意到的那样，我真的很喜欢它们。挑战在于如何确保旁白是相关的，能够推进句子中的想法，而且要简短。如果旁白不能满足第一个标准，那么它就有可能被删掉；如果它是相关的，但不简短，或者简短而且相关，但不能推动句子的发展，那么它就适合做脚注。我不同意编辑和审稿人的观点，他们说文章中脚注应该很少，如果它足够重要，就应该把它写在正文中。在正文中加入必要的信息，而这些信息并不能推动句子的主旨，还会破坏文章的动态和节奏。这方面的例子有关于结果相同的其他模型的信息，或者操作化同一个概念产生相同结果或不显著结果的其他测量。当某些东西需要额外的解释时，它们也是有用的，可以指引读者获得更多的信息［如建议进一步阅读关于语法和标点符号的脚注（本章第 1 个）]，或当你忍不住要提供一个有趣的事实［如关于布莱斯·帕斯卡尔（Blaise Pascal）的脚注（本章第 2 个）]。

猜　测

第四种常见的病态是，作者遗漏了读者需要通过猜测才能获得的关键信息。这种病态也阻碍了你营造人情味的能力，因为缺少必要的细节和例子，导致动态和节奏过于快速和突兀。它还使你的论文感觉更像一个讲座而不是一个对话，你是被动地听而不是交谈。

《管理学院评论》(*Academy of Management Review*）前编辑贝尔·拉金斯（Belle Ragins）在其关于清晰写作的文章中指出，不熟悉的行话、未定义的首字母缩写词和阐述不清楚的概念都是需要猜测的例子。我想在她的清单上加上未阐明的基本假设；引导读者了解你的论点、使他们能够看到你是如何从 A 到 B 到 C 的“结缔组织”；你是如何测量关键概念的，以及为什么要纳入特定的控制变量；你是如何以及为何确定你的样本或访谈对象；特定的表格和数字或图表说明了什么；甚至还有为什么你的研究是重要和必要的。因此，这种病态与臃肿相反，不是字数太多，而是字数太少，至少是必要的文字太少。

拉金斯指出，这种病态是由作者对其作品的熟悉感造成的。因为他们活在自己的研究中，当他们只是假设读者掌握相关知识时根本就注意不到这一点。这些联系和信息都在他们的脑子里，他们根本没有把这些信息从他们的头脑中带到他们的写作中。琳达·约翰松写了一篇对读者更有同理心的有用文章。她认为，审稿过程中的许多失败是由于没有理解审稿人在阅读文章时的感知过程。（Weick, 1995）她还建议，通过把自己放在读者的位置上，了解他们是如何阅读你的文章的，你就能更好地完成“感觉”工作（Gioia & Chittipeddi, 1991），为他们提供必要的信息，让他们以你想要的方式解释你的文章。

正如我们将在第九章写作过程中进一步讨论的那样，拉金斯和约翰松都主张获得友好的评论并认真听取期刊审稿人的批评是解决这种病态的方法。他们还强调要认真关注审稿人和编辑的意见。约翰松还建议避免使用首字母缩写，尤其是当你在介绍一个新的概念或理论时，虽然重复这些词可能看起来啰唆，但这也会使它们嵌入读者的脑海中，从而更容易被记住。我总是在第一次使用缩略语时就把它们拼出来，并且几乎总是在第一次提到某种概念时就对其进行定义。更困难但同样必要的是，提前预测你的读者可能存在的问题以及他们可能遇到的困难，并提供必要的信息来回答他们的问题或解释他们可能会遇到的任何问题。

这两项建议都需要你像审稿人一样阅读你的论文。有些人比其他人更擅长这一点。培养这种技能的方法之一是为期刊和会议的论文做大量的审阅。通过批评别人的工作并提供建议，你就会掌握可以应用于你自己工作的技能。把审稿人的眼光转向你自己的写作，对发现需要读者猜测的遗漏和和假设至关重要。论文中对你来说最难写和最难理解的部分也可能是罪魁祸首。

例如，我在撰写第二章中提到的关于地位和声誉的协同演变的文章时（Pollock et al., 2015），我知道要描述我们采用的复杂的分析方法将是一个挑战，因为我最初很难完全理解它。我和我的合著者、统计分析专家金圭峰对这一节进行了反复推敲，直到它能被没有深厚技术基础的人所理解，而所有重要的技术方面仍然被正确描述。

浮　夸

当我还是博士生的时候，我们读到了克罗泽（Crozier）对一家法国香烟制造厂的研究。在这家工厂里，维修生产设备的说明“意外”毁于一场大火，而修理机器的技工们从未写过新的说明，而是口头传授知识，而且只传给他们信任的能保守秘密的人。通过这种方式他们拥有了相当大的权力，超过了他们在组织等级制度结构中的正式地位。

技术行话也有同样的目的。虽然行话有助于在使用的人当中传达特定的信息和意义，但它也使“外人”与之保持距离，对于能够理解其含义的内部人士来说这是一个权力的来源。冗长、复杂和晦涩的词语也有同样的作用。由于担心我们的想法会显得过于简单，或出于炫耀的欲望，学者们经常屈从于华而不实的文字，加入不必要的专业术语和过于复杂的词语来润色句子。如果你的目标是使你的写作更具有对话性和吸引力，那这样做就不对。此外，在一项关于读者推断作家智力的有趣研究中，奥本海默（Oppenheimer）发现简单的文字更容易处理，增强了理解的方便性，并产生了各种有益的结果。他还发现，即使较大的词汇量与更高的智力有关，但从读者的角度来看，使用更复杂的语言会导致人们认为作者的智力较低。

对浮夸文字的简易解决办法是，在有相应的通用语言术语时就限制行话的使用，并尽可能使用较短而非较长的词汇。我还建议避免使用听起来华而不实的词语和短语（例如，“亦即”“除此之外”）和自以为是的词语（例如，“显然”“众所周知”“很显然”“大家都知道”“当然”“仅仅”）；也要避免晦涩难懂的说法（如黄帝……）和“内部人”的提法（如去年参加欧洲组织研究团体 EGOS 的人都知道……），这样会让读者觉得自己是个地位低下的局外人。不要使用外语，特别是引语，除非你知道你的听众会说这种语言，或者该外语单词或短语是广为接受的结构性标签。

例如，我曾经收到一篇评论，评论者写道：“朱利叶斯·凯撒（Julius Caesar）声称，‘Julius Caser Malo hic esse primus quam Romae secundus’。”这没有什么帮助。尽管该评论者随后翻译了这句话（宁愿在乡下当第一，也不在罗马当第二），但拉丁文版给人的印象是——至少在我这个读者看来——评论者在试图展示他们的智力优势。改用英文译本的话，感觉不那么贬低人。

主动写作：使用有能量的主动语态

被动语态是学术写作的最大祸害。你可以拿起任何学术期刊，我保证它都充斥着被动结构。正如埃文斯所述，被动语态“剥夺了句子的能量，增加了不必要的词汇，种下了一连串悲催的分词和介词，并让问题得不到解答：咖啡时间被决定取消了。哪个小混蛋决定的？”每个人都在用被动结构，包括像我这样讨厌被动语态的人。我经常翻阅我的草稿，删除不小心混入的被动语态。关键是一看到就能识别并消除它们；然而，并不是每个人都能轻易识别它们，当英语不是你的母语时更难。你可以这样做：

主动语态的句子的主语通过一个主动动词对一个宾语做一些事情。因此，主语通常出现在句子的开头，而宾语出现在后面，主动动词在两者之间。北卡罗来纳大学教堂山分校（University of North Carolina-Chapel Hill）的写作中心[1]指出，使用被动语态的句子采用被动动词（各种类型“to be”的变体）和过去分词。而且，宾语在句子的开头出现（一个动作的宾语成为句子的语法主语），而主语在句子中出现的时间较晚，或者根本不出现。“to be”的动词形式包括 is、are、am、was、were、has be、have been、had been、will be、can be、will have been、being 等。分词是一个主动动词，通常以 -ing（现在分词）或 -ed（过去分词）结尾用作形容词（即修饰名词，如“大笑的人”或“不安的眼睛”）。但并不是所有的过去分词都有 -ed 结尾，例如 drunk、driven、woken、spoken 和 thought 是不规则动词的过去分词，-ed 结尾不起作用（例如，drinked、drived、woked、

1 参见https:// writingcenter .unc .edu/ tips -and -tools/ passive -voice/。

spoked、thinked)。

因此,“我们调查了 500 名经理”是主动的:在句子的开头有一个明确的主语(代词“我们”),一个主动的动词(调查)跟在后面,再后面是动作的对象(经理);“500 名经理被调查了”是被动的:宾语(经理)出现在句子的开头,后面是“to be+ 过去分词”的组合(被调查),而主语没有出现在句子中。以“它”开头的句子通常也采用被动语态(“可以看出……”“众所周知……”)。

许多论文存在被动式结构的原因之一是作者极不愿意为自己的想法和行动担责,因为一些可鄙的人告诉他们那样做不是学术性的。因此,他们回到了无主语的被动语态。来自那些文化上崇尚谦逊的国家的留学生们也告诉我,他们回到了被动语态,因为它不那么有“攻击性”。因此,“我们假设”变成了“被假设”,而“我们探讨了睡眠如何影响管理人员的开放性”变成了“睡眠对管理人员开放性的影响被探讨”。你完全可以自主决定你的想法和行动,而且主动结构不需要咄咄逼人或自我吹嘘。就像我在第二章中说的,请使用人称代词。另一个使你的写作更活跃的方法是使用所有格。例如,每当你看到一个以“的”字开头的介词短语时,考虑是否可以用一个所有句来代替它,就像我把“有开放性的管理人员”替换成“管理人员的开放性”一样。

这并不意味着被动语态总是不好。埃文斯指出了适合被动语态的四种情况:(1)当行动的实施者不为人知(86%的调查被退回);(2)当行动的接受者比行动者更值得重视时(大麻药房老板被政府突击检查);(3)当行动的实施者为人所知,但由于策略或胆怯而不得不保持沉默时（你的论文被拒绝了，因为它不可能涉足所有的被动结构）；（4）当主语的长度延迟了动词的进入（调查无家可归者，他们没有固定的家庭地址、电话号码或电子邮件，是由送往无家可归者营地的博士生来完成）。

写作的“声音”：理解文本，感染读者

写作的“声音”是至关重要的，即使在阅读时我们也能“听到”写作的声音。根据《读者的大脑》（*The Reader's Brain*）一书的作者耶罗利·道格拉斯（Yellowlees Douglas）的说法，这部分是由于我们学习阅读的方式——把不熟悉的声音读出来，并将其分解成不同的部分——还有，因为我们大脑中的视觉、语言和听觉中心是相通的。因此，思考写作的声音、节奏和韵律是一个关键的工具，可以促进理解、管理动态和节奏，并将你的故事从一个场景推进到下一个场景。

词语如何发音。词语的声音可以支持和加强你的句子或段落的主题，并在你的读者中产生生理反应。黑尔在她的经典作品《罪与句法》中指出了达到这些效果的五种常用手段：同音、辅音、头韵、押韵和拟声。同音词在不同的词中重复元音（start、march）；辅音呼应同一单词中的初始辅音（tabletop、coca cola）；头韵是在一个句子或短语中使用一个字母或字母组合产生的相同的首字母音（nattering、nincompoop、fresh fish）；押韵在句子或短语的最后一

个音节或多个音节之间建立了精确的对应（bop 'til you drop）[1]；拟声词指的是那些听起来像其名称的词（sizzle、barf、wham）。

形容词和动词也可以听起来像你试图唤起的主题。例如，当我先前描述臃肿时，我使用了“浮肿”和“填塞”这样的词，唤起了与我的主题一致的形象；当描述动态和节奏时，像“缓慢”和“蜿蜒”这样的词听起来很缓慢，而“竞赛”和“冲刺”则听起来很快。因此，说“战略联盟破裂”表明了与“战略联盟解散”更不一样的情景，两者都比“战略联盟与结束”更有趣，更有信息量。虽然我们在学术写作中不应该太在意这个问题，特别是考虑到许多词的精确用法，但选择一些听起来符合你的意思的词，并创造旋律使它们令人难忘。这就是为什么美国宪法的序言可以配上音乐。

韵律。韵律是词语和句子的节奏和模式。通过长与短、上与下、进与出的模式来创造。正如黑尔所指出的，这些模式存在于词语和短语中，并有特定的名称。如抑扬格（短—长，如“begin”）、扬抑格（长—短，如“start”）和抑扬抑格（短—长—短，如“specific”）。如果你对这些细节感兴趣，语言学家们在这个问题上有很多话要说，然而，我只想强调模式很重要。长短不一的词语，以及有不同重点的词语创造了多样性和节奏。

改变句子结构。道格拉斯提出了三个节奏原则。她的第一个原则是通过改变句子结构来创造节奏。她确定了四个一般的句子结构。句子可以是简单的，它们由一个独立的主句组成，就像前面的

1 在学术写作中，这一条可能最好不要使用。

句子。复杂句由一个主句和一个从句组成。主句可以独立存在，而且听起来不像是一个片段（这就是主句）；从句不能独立存在（这个是从句）。一个复合句是由两个主句组成的，主句之间由一个并列连接词（“和”“但是”和“或者”可以让你走得很远，但“为了”“也没有”“然而”和“所以”也是有用的并列连接词）连接。像这样的复合句有两个主句，一个从句被嵌入其中一个主句中。变化的组合是每段中的简单句、复杂句、复合句的组合。

虽然道格拉斯专注于变化，但这并不意味着你不应该使用重复——这是运用节奏的另一个有力工具。马丁·路德·金（Martin Luther King）所做的名为“我有一个梦想”的演讲就是一个强有力的例子。然而，你必须有意识地使用重复。请参考以下莱布莱比吉（Leblebici）、萨兰西克（Salancik）、科帕伊（Copay）和金（King）关于广播业的制度变革文章：

> 广播在美国独特地演变为一个私人拥有和经营的商业企业。正如沃勒（Waller）所发现的那样，其他国家以各种方式组织广播，但公共所有权或监督是其标准。在冰岛，国家拥有并经营所有的广播设备，维护并向听众出租接收机。在意大利、土耳其和苏联，国家也拥有广播设备，并负责所有节目和广播。在瑞典和瑞士，国家保留了所有权和技术操作，但将节目制作留给了国家控制的社会机构。英国创建了独立的公共公司英国广播公司（British Broadcasting Corporation, BBC），并授予其特许经营权，拥有、编制和广

播本国的广播。在荷兰，政府的参与最少，荷兰建立了一个听众协会来拥有和经营广播（Waller, 1946）。美国在发展私营广播业方面取得的成功是独一无二的。

莱布莱比吉和他的同事通过使用相似性和变化的句子结构创造了一个有趣的节奏来说明各国方法的不同。第三句和第四句都是以“in”开头的简单句子，因为这些国家遵循最简单的方法。关于瑞典和瑞士的第五句话也是以“in”开头的，这个复合句的第一个主句与简单句相似，但从句说明了一个稍微复杂的区别。下一个关于英国的句子是一个复合句，从句嵌入主句中，这也反映了一个公共机构中中央控制的系统的准嵌入性质。他们用一个复合句来描述荷兰不同的和更分散的、但仍然是公共的方法，最后一个简单句以限定词“that”开头，强调了美国方法的独特性。

标点符号作为发声的转折和换气记号。改变你的标点符号也能创造出节奏。有些句子不需要标点符号，有些句子则需要被分割一下。正确使用标点符号的规则有很多，我敦促你学习它们。不过，从概念上讲，我认为把标点符号看作增加发声的转折和换气记号的手段是最容易的。

当说话的时候，说话者可以增加转折——停顿、音调和语速的变化、强调——以增加词语的多样性和节奏。当我们读这些文字的时候，我们仍然会在脑海中“听到”说话的声音，标点符号是作者增加这些转折的主要工具。如果你曾经唱过乐谱，你可能知道我说的换气记号是什么意思：它们是告诉歌手什么时候换气的指示。标点符号在写作中也有同样的作用。举个例子，当你开始读下一个句子时，就吸上一口气，开始读下一句。如果你的气用完了，不得不再吸一口气，但没有标点符号表明你应该这样做，那么就应该添加一些标点符号，你也可以考虑把这句话分成两个或更多的句子。反之，如果你觉得你要呼吸过量，因为文章要求你快速连续地做很多短促的呼吸。你可以去掉一些标点符号，也许可以把两个短句合并成一个复合句或复杂句。大声读出句子可以帮助你确定你的标点符号是太多还是太少，以及是否在正确的位置。很多时候，我都遇到过一个位置奇怪的逗号，它破坏了句子的流畅性，如果作者大声朗读句子，就能发现这一点。

改变句子和段落长度。道格拉斯的第二个节奏原则是改变你的句子长度。如果每个句子都很短，你的文章就会像机枪扫射一样“哒哒哒”（拟声词）；它也会对读者产生类似的影响。如果你的句子都是长句、复合句和复杂句，你的读者就会感到他们被淹没了。这就是为什么句子的长度在塑造你的故事的动态和节奏方面也起着如此关键的作用。混合使用长短句可以创造一种动态，同时也为读者提供了暂停和喘息的机会。这也有利于论述和动作之间的转换。前面莱布莱比吉及其同事的例子提供了一个很好的说明。

不同的段落长度和不同的句子长度一样重要。斯蒂芬·金指出，你可以通过观察段落结构来了解一本书或一篇文章是否容易阅读。大量的充满整个页面的长段，意味着你将会很费劲，而许多短的段落则表明这是一次轻快但可能没有信息的体验。混合你的段落长度，如果你发现你在写一个长的段落，考虑把它分成更短的段落。如果你在段落中涵盖两个或更多的主要观点，这很容易做到；只要给每个观点一个独立的段落。另一个分段的好办法是在一个想法后面加上一个扩展的例子。这个例子可以是一个新段落的开始。如果一个段落占了半页或更多的篇幅，我总是仔细观察，看看是否可以将其分成两个段落。如果不能，那么我就尽量保证下一段的篇幅要短。

按照由简入繁的顺序。道格拉斯的第三个节奏原则的重点是排序。她建议，在复杂的句子中，特别是在列表中，将字数最少、句法最不复杂的项目放在前面，而把字数最长、句法最复杂的项目则放在最后。她提出了两个理由：（1）按大小、重要性或复杂程度排序的项目会产生一个有序流动顺序；（2）从更复杂的项目开始，会产生更多的认知负荷，因为读者在读完句子时，必须努力在工作记忆中保留更多的项目。因此，“我们从代理机构、年度报告、证券定价研究中心（CRSP）和对财富 500 强公司的高管和董事的定制调查中获得了数据”比“我们从证券定价研究中心（CRSP）、年度报告、对财富 500 强公司的高管和董事的定制调查中和从代理机构获得了数据”更有节奏感。莱布莱比吉及其同事的例子也从简单的句子走向更复杂的句子，但随后又回到了更简单的结构。

文体和语法的注意事项：二十五条独家分享

每本著作都有一个部分，作者在其中描述了他或她认为的最重要的“该做”和“不该做”的语法、用词等方面的清单。下面是我的清单。我不会重复我已经说过的观点，但假设它们也在清单上。我不可能把所有的东西事无巨细地包括进去，所以我在本章末尾还指出了我推荐的其他写作书籍。现在，我将站在我的讲台上，向你们讲一讲我在文体和语法方面的注意事项。

1. **摆脱段落末尾的累赘。**当一个段落的最后一行只有几个字时，我称其为“累赘”。应该尽可能地把它们删掉，特别是如果你面临的是页数而不是字数的限制时。我的经验法则是，如果该段的最后一行少于 1/3 行，就重写该段，直到你把该行删除为止。

2. **使用平行结构（重复使用同一个句子结构），并标明你在各节之间的过渡。**你要努力使你的写作尽可能地易于理解。虽然平行结构有时可能看起来不那么有创意，但它可以使读者在浏览你的文章时更容易找到具体的内容。例如，在讨论你的结果时，先提醒你假设是什么，告诉我们结果是什么，然后用“因此，假设 X 被支持 / 不支持 / 部分支持”。清晰的过渡和标志同样有助于读者在你的论文中找到想要查看的东西并知道你何时从一个部分转移到下一个部分。

3. **不要使用你现有关键概念的同义词。**正如我在第二章中讨论的那样，创造动态并使你的文章更有趣的一个方法是使用同义词来创造多样性。然而，在学术界，类似的术语可以代表不同的概念，因此，同义词也会造成混乱。在谈论你的理论概念时要保持语言的一致性，并在其他地方使用同义词来创造多样性。

4. **使用引文来支持你的论点、定义和主张，但要谨慎使用。**不要每隔一个词就引用一个参考文献，也不要觉得你必须引用关于某一主题的所有研究。要全面而明智，每篇文章的引用都要有目的。

如果你只引用了一篇文章，而在同一问题上至少还有两处引用，那么请放弃额外的引用。必要时这是缩短论文的一个好方法。

5. **不要用“我们”来指代你自己（堂皇的“我们”）**。你可能会在评议过程中想用“我们”而不是“我”来掩盖你的论文是独著的事实。别这样做，你不可避免地会搞砸。永远不要用复数称呼自己（如果有多个共同作者，“我们”也可以）。

6. **在适当的地方使用正确的时态**。在描述他人以前的研究时和在方法部分描述你自己的研究时使用过去式；在讨论你的结果和你从中得出的结论时，使用现在式。

7. **处理好性和性别的名词和代名词**。我认识到这是一个棘手的、不断发展的话题，但我目前的做法是这样的：如果可能，我使用复数“个人”或“人”（而不是单数的“个人”或“人”）。这样，我就可以通过使用“他们”来避免整个性别代词的问题。虽然我们在日常讲话中使用“他们”来指代个人，随着我们对性别认同的理解的发展，这种用法在正式写作中也越来越被一些人接受，但“他们”通常不应该与单数配对（例如：“当一个人感到惊讶时，他们可能会在他们的座位上跳跃”）。当我使用“个人”或“人”时，我使用“him”或“her”，“he”或“she”甚至是“she/he”或“him/her”。只用“他”并不符合政治正确的要求，而总是使用“她”也会导致同样的问题：否定了另一性别的存在。另一个选择是交替使用性别：第一次使用“她”，第二次使用“他”，等等。如果你所指的群体全部或几乎全部是男性或女性，尽管如此，我还是分别使用他或她。不过在这样做之前，我通常会指出该群体的这一事实。

8. **不要把参与研究的个人称为“研究对象”。**称呼他们为什么人（学生、母亲、生日聚会的小丑），或者称他们为参与者、受访者或信息提供者，这取决于进行研究的类型。

9. **使用一到十的数字，除非它们是在一个序列中（我们的规模从 1 ～ 5）或假设标签的一部分（如 H1）或表格中的一个值或其他统计结果。**

10. **不要以数字或缩略语作为句子的开头。**如果你确实需要以数字开头，请拼出它（就像我在游览雅园时听到的我最喜欢的句子一样——“在瑞典，1/3 的人拥有一张猫王的专辑。那就是说每三个人中就有一个”）首字母缩写也是如此。把它们拼出来，即使你以前使用过这个缩写词。

11. **避免用副词作为句子的开头。**我偶尔会这样做，而且通常是在我试图避免措辞冗长，想用“类似”或“相反”来表达的时候（例如，不说“类似于”或“另一方面”），或者在我写到清单列表最后时说“最后”。不过，大多数以副词开头的句子听起来很笨重。比起其他任何句子的开头，我最讨厌副词“重要的是”，请永远不要使用它，我不想让人追杀你。

12. **避免多余的修饰语（副词和形容词）。**副词和形容词当然是讲故事的重要方面，但它们可能被过度使用。特别是要少用副词，因为它们更有可能造成句子杂乱。避免使用与它们所修饰的名词和动词含义相同的形容词和副词，当一个好的形容词管用的话就不要使用多个累赘的形容词。

13. **data 是复数，datum 是单数；phenomena 是复数，phenomenon**

是单数。

14. **了解“影响”“效果”和“冲击”之间的区别。**影响[1]是一个动词（例如，影响结果）；效果是一个名词（例如，互动效果是）。而冲击也是一个名词（例如，那个故事对我产生了真正的冲击），所以你可以说“有冲击”，但“A 是一个冲击 B 与 C 关系的媒介”是不好的语法，不管别人那样说或者写多少次。应该是 A 影响了 B 与 C 的关系，但它并没有“冲击”它。

15. **正确使用递归和非递归。**这是直到最近我才发现自己也弄错了的一点。它是违反直觉的，但是递归模型是单向的。即使同一规则被反复应用，非递归模型有一个或多个反馈环路或相互作用。因此，如果你认为某些东西会反馈自己，或者两个事物相互影响，它们就是非递归的。

16. **未能达到支持假设所需的超过特定水平的统计显著性，意味着结果“不显著”而非“无足轻重的”。**当未能在统计学上有意义的概率水平上否定零假设时，则结果不具有显著性。无足轻重意味着某些东西是微不足道的或无关紧要的——这是一个效果大小的问题，而不是统计显著性。一个结果不具有统计显著性的原因可能有很多，但与效应大小无关，即便小的效应也可能是重要的。

17. **自从与因为。**since 意味着“之后”，because 意味着“为什么”。

18. **that 与 which。**that 和 which 分别用于引入限制性从句和非

---

1 虽然拼写相同，但我指的不是affect的名词含义，“情感”——其定义为一组可观察到的主观体验的情绪表现。

限制性从句。当一个分句对理解句子的意思来说是必要的，你就用“that”（“她打开了那本有所有的答案的书”，你需要这个分句来了解她打开了什么书），当分句增加了额外的信息，但也可以不在句子中使用时，使用“which”（“她可以在她的书中找到所有的答案，这本书是去年出版的。”）

19. **正确使用“the”**。“the”是英语中最常使用的词，而以英语为母语的人从未被真正教导过如何使用它。我们是凭直觉学的。一位曾经的印度学生告诉过我，印地语中没有与“the”相当的词。其他语言也是如此。所以，这一点是为了帮助所有非母语的学英语的人。“the”是一个冠词，用于识别单数名词，它指“旧”信息。“结果表明”是假设读者已经知道你说的是什么结果；“the street”指的是一条具体的街道，而“一条街道”并不假定你知道所指的是哪条街道，而且街道的身份并不重要。“the”也被用来识别独特的东西（宇宙）、“复数”的行为者类别和有共同身份的行为者类别（社会科学），以及其他一些例外情况。

20. **their 与 there**。前者是所有格的，后者是位置性的。（例如，他们的房子在那边，紧挨着树林。）

21. **while 与 although，but 和 whereas**。while 表示同一时间，although 和 but 以及 whereas 用来修改或修饰先前的陈述或进行比较。

22. **理解 i.e. 和 e.g. 的区别**。i.e. 是“换句话说”或“即”，e.g. 是“例如”。不要在句子的主体部分使用这两个词，只在括号内使用［例如，像这样（e.g., like this）］。另一个较少使用的缩写是 c.f.，它有时被用来代替 i.e.，意思是“比较”。如果你使用 c.f.，请确保你真的进行比较，而不是仅仅提供一个例子。

23. **学习如何使用撇号**：’s 是适当的单数所有格，甚至在以 s’s 结尾的名字和单词上也是如此［例如，史蒂文斯的房子（e.g., the Stevens’s house）］；s’ 是复数的所有格［例如，学生们的成绩（e.g., students’ grades）］。

24. **不要使用缩略语**。我在这本书中使用缩略语（如 I’m），是因为我想让它尽可能的非正式和具有可读性。然而，在学术期刊文章中，规范是通常要避免使用缩略语，除非你引用的是使用了缩略语的人。

25. **在引用时只在括号内使用（&）**。所以“Pfeffer and Salancik’s (1978) resource dependence theory” 和“resource dependence theory (Pfeffer & Salancik, 1978)”都是可以的；“Pfeffer & Salancik’s (1978) resource dependence theory”是不行的。

推荐阅读的写作书籍

Casagrande, J. (2010), *It Was the Best of Sentences, It Was the Worst of Sentences,* Berkeley, CA: Ten Speed Press.

Casagrande, J. (2014), *The Best Punctuation Book, Period,* Berkeley, CA: Ten Speed Press.

Douglass, Y. (2015), *The Reader’s Brain: How Neuroscience Can Make You a Better Writer,* Cambridge, UK: Cambridge University Press.

Evans, H. (2017), *Do I Make Myself Clear? Why Writing Well Matters,* New York:

Little Brown.

Flaherty, F. (2009), *The Elements of Story: Field Notes on Nonfiction Writing,* New York: HarperCollins.

Forsyth, M. (2013), *The Elements of Eloquence: Secrets of the Perfect Turn of Phrase,* New York: Berkley Books.

Hale, C. (2013), *Sin and Syntax: How to Craft Wicked Good Prose,* New York: Three Rivers Press.

Huff, A.S. (1999), *Writing for Scholarly Publication,* Thousand Oaks, CA: Sage.

King, S. (2000), *On Writing*, New York: Pocket Books.

Lamott, A. (1994), *Bird by Bird,* New York: Anchor Books.

Strunk, W. and E.B. White (2000), *The Elements of Style 4th Edition,* Needham Heights, MA: Allyn & Bacon.

Sword, H. (2012), *Stylish Academic Writing,* Cambridge, MA: Harvard University Press.

Truss, L. (2003), *Eats, Shoots & Leaves: The Zero Tolerance Approach to Punctuation,* New York: Gotham Books.

Zinsser, W. (2006), *On Writing Well,* New York: HarperCollins.

第四章 铺垫：引言、标题和摘要

Introductions, titles and abstracts

当我的妻子萨拉和我做户外艺术展时，我们被分配了一个 10 平方英尺（约 0.93 平方米）的空间来摆放我们的展位。这意味着我们有足够的时间让一个人走 10 英尺（在熙熙攘攘的艺术展上，大约需要 5 秒的时间，大多数观众以缓慢的步伐走着）来吸引他们的注意力，并招揽他们进入展位。一旦进了门，下一步就是让他们接触艺术，然后与萨拉（有时是我）打交道，希望能促成销售。如果他们看向另一边、与人交谈或盯着他们的手机，我们就无法吸引他们的注意力，那么我们就失去了向他们推销东西的机会。

为了吸引他们的注意力，我们花了很多时间把最色彩斑斓和最有趣的作品放在最显眼的位置上。萨拉还会在每件作品上放置简短的宣传简介，解释她觉得这个场景有趣的地方以及它被放置的位置。一旦顾客进入她的展位，这些简介就会让顾客花更多的时间来看每件作品，并增加了他们发现对作品或当地有某种认同联系的可能性。萨拉还会向每一个进入她展位的人打招呼（许多艺术家不这么做）。她试图收集那些对她的作品表现出粗略兴趣的人的信息，这样她就可以让他们感到舒适，并找到共同的兴趣或经验点，因为人们买艺术品也是买艺术家。

吸引读者的注意力并让他们阅读你的文章需要类似的步骤。当浏览一本期刊的目录、另一篇文章的参考文献列表或者在线搜索结果时，一个有趣而且信息量大的标题有助于吸引读者的注意力，这样他们就不会只是一翻而过，而是看你的摘要。然后，你的摘要的主要任务就是引起读者足够的兴趣，让他们走进门来阅读你的引言。引言部分的任务就是充分卖个关子，把他们吸引到文章的其余部分。如果你不能把他们从摘要和引言中吸引过来，那么你所有的引人入胜的故事讲述技巧和诗情画意的文章都将是徒劳的。引言也创造了一个解释框架，读者可以通过这个框架来评价你文章的其余部分，这在审稿过程中至关重要。如果你的引言抓住了审稿人的兴趣，他们会阅读文章的剩余部分，找出给你修改的理由；如果没有，那么他们更有可能翻到文章的结尾，看看文章有多长（因而就知道折磨会持续多久），并在阅读文章时重点考虑建议拒绝的理由。这就是为什么即使引言只有文章10%的篇幅但却是成功的关键，而且作者为它花费的时间比其他任何部分都多。

在这一章中，我将探讨如何有效地吸引读者的注意力，并卖个关子以便他们能够阅读你文章的其余部分。我首先讨论什么东西能构成一个有效的引言，因为它是卖关子最大和最重要的部分。然后我继续讨论如何用有趣的标题来吸引读者的注意力，并用简洁、信息丰富的摘要吸引他们。

引言：回答三组问题

当我们还是《美国管理学会学报》的副主编时，亚当·格兰特

（Adam Grant）和我写了一个关于撰写有效引言的“编辑寄语”专栏。（Grant & Pollock, 2011）我们分析了《美国管理学会学报》最佳论文获奖文章，并调查了这些文章的作者，了解他们认为有效引言的关键方面以及他们的撰写过程。我们还调研了《美国管理学会学报》杰出评论员奖获得者，询问他们对引言的看法、他们在决策中对引言的重视程度，以及作者常犯的错误。在编写本章时，我参考了这项工作和从中得出的见解，以及其他学者的建议和我自己作为作者、审稿人和编辑的经验。

我将引言定义为文章的理论和假设部分之前的几页（有些人称之为“开题”）。虽然心理学家经常把数据和方法部分之前的整个论文前端称为“引言”，但我避免使用这个术语，因为它削弱了理论建构的重要性，而将文章的实证部分置于优先地位。“引言”提供了你所要研究的内容的阐述，介绍你的主题和主角，并预示着你将要在上升动作中打的结。一个令人印象深刻的引言通常为双倍行距格式下的三到四页，并回答三组问题：（1）谁在意；（2）我们知道什么，不知道什么，然后怎么样；（3）我们将学到什么。

谁在意

就像任何好的故事一样，你的故事需要尽早吸引读者的兴趣。如果没有引起他们的兴趣，或者他们觉得乏味，就不太可能继续读下去，而是转向其他文章。因此，引言的第一个任务就是“勾住”读者，使他们对“谁在意”这个问题的回答是“我在意！”如果你的文章定位在“巴斯德象限”（Pasteur’s Quadrant）（Stokes, 1997）上，也就是说，它既有理论意义又有实际意义[1]，那么引言就最有可能引起广大读者的兴趣。好的关子也开始介绍你的主要角色。根据我们对《美国管理学会学报》最佳论文获奖者的分析，亚当和我确定了两个主要的关子：引用和趋势。由于篇幅有限，我们描述了值得一提的第三种关子，即轶事，作为引语的延伸形式。还有第四种类型的关子，即修辞疑问句，我们没有讨论，因为它没有出现在那个分析中。修辞疑问句也能有效地吸引读者的注意力，确定你的研究是关于什么以及为什么它有趣。

引语让读者参与到你的耐人寻味和实质性问题中。引语也称为题记，通常出现在论文的最开头，就在引言的第一段之前。为了有效，引语必须概括文章的主题。例如，在我的文章《傀儡大师：自恋的首席执行官们如何构建他们的职业世界》中，阿里吉特·查特吉和我在文章开头引用了自恋的首席执行官“电锯”艾尔·邓拉普（Al Dunlap）的传记：

> 在斯科特工作的20个月里，邓拉普举办的自我庆祝宣传活动比世界上任何一位企业高管都多，微软（Microsoft）的比尔·盖茨（Bill Gates）可能例外。太阳光公司（Sunbeam）

---

1 斯托克斯（Stokes）认为，理论研究基础知识较多、实践研究较少的研究属于“波耳象限”（Bohr’s Quadrant）（以发明波耳分子结构模型的化学家尼尔斯·波耳命名），而研究实践较多、理论研究相关性较低的研究属于“爱迪生象限”（Edison’s Quadrant）（以发明家托马斯·爱迪生命名）。

> 的其他高层管理人员都害怕邓拉普“滔滔不绝的长篇大论”，他们的膝盖颤抖，胃里翻江倒海。（Excerpts from Byrne, 1999: 30, 154）

这些关于艾尔·邓拉普的行为及其对他人的影响的引用，阐明了驱使自恋者的两种相互竞争的需求——获得赞誉的需求和支配他人的需求——这在我们的理论研究中占据了核心地位。

虽然开头引语通常来自书本或大众媒体，但是定性学者也使用他们数据中的引语。例如，迈克·普拉特的研究“好的、坏的和矛盾的：管理安利经销商的认同感”，以如下引用开始：

> 人们说我们给人洗脑。确实如此。我们说的是洗脑——帮助你们成为更积极的人！——一位演讲者在安利分销商会议上发言。

这句引语抓住了他研究的重点，即组织如何以及为何通过增加成员对组织的认同感，削弱其与外部的联系，来促进成员之间的强烈依恋。

虽然引语可以非常有效地勾住读者，但是仍然有很多开题引语很失败的案例。如果你使用引语作为你的关子，确保它真正符合你研究的主题，并试着以某种方式引用这些引语——无论是在引言中还是在论文的后面——以突出它们与你的研究的相关性。

趋势强调现实世界或学术文献中的趋势很重要，或者代表了某种困惑或悖论。现实世界的趋势描述了工作场所、行业或更广泛的社会环境中的变化，它们与你研究的主题相关或者体现了你的研究主题，并且暗示或者提供证据表明这些变化并不是孤立的事件。学术趋势强调你的主题很重要，因为它吸引了学术界的关注，但是它还没有得到解决，或者研究得出了矛盾的结论。利用学术趋势的作者通常会提供密集的文献列表来说明趋势的存在，或者引用关于该主题的综述文章或荟萃分析。迈克尔·约翰逊（Michael Johnson）和他的同事以一种学术趋势开启了他们的研究，“割裂的合作：对团队奖励结构变化的不对称适应”。（Johnson, Hollenbeck, Humphrey, Ilgen, undt & Meyer, 2006: 103）

> 为了应对组织中越来越多地使用基于团队的结构，对工作小组的研究有了很大的扩展。随着人们对工作小组关注度的提高，逐渐形成了一个概念上的共识，即嵌入组织中的团队最好被看作复杂的、适应性的、动态的系统，它们可以随着时间的推移，表现越来越好。（McGrath, Arrow, & Berdahl, 2000）

杰森·戴维斯（Jason Davis）和凯西·艾森哈特（Kathy Eisenhardt）在他们的研究“轮流领导和协作创新：共生关系中的重组过程”中使用了一个现实世界的趋势，他们说：

> 技术创新对于组织如何为自己创造价值、沉重打击竞

> 争对手和使社会进步至关重要。长期以来，产品开发和收购一直是创新的重要战略（Brown and Eisenhardt, 1997; Ahuja and Katila, 2001），但是在日益开放和动态的行业中，资源高度分散并且频繁变化，单个组织不可能持续地开发或者获得最好的创新。相反，技术合作已经成为一种必不可少的创新策略。（Teece, 1986; Mowery, Oxley, and Silverman, 1998）

他们接着提供了几个如微软和英特尔（Intel）、苹果（Apple）以及谷歌（Google）等公司间技术协作的例子。

轶事用一个叙述性的例子来介绍或突出文章的主题和/或其核心的悖论。轶事可以是现实世界中的例子，也可以是虚构的（例如，一个场景）。轶事因为能赋予文章主题人情味而显得非常有效。例如，亚当·格兰特和大卫·霍夫曼（David Hofmann）在研究开篇写道，“这不全是关于我：通过关注病人来激励医护人员注意手部卫生”（Adam Grant & David Hofmann, 2011: 1494），并列举了以下轶事：

> 1847 年，伊格纳兹·塞麦尔维斯（Ignaz Semmelweis）要求维也纳总医院（Vienna General Hospital）的医护人员清洗双手，结果因产褥热引起的死亡率从 18.3% 下降到 1.3%。从那时起，广泛的研究表明，手部卫生在预防感染和疾病传播方面起着关键作用。（Backman, Zoutman, & Marck, 2008）然而，对于医疗保健专业人员来说，洗

> 手次数少于推荐次数的一半是很常见的，而且许多改善医疗保健专业人员手部卫生的干预措施被证明是无效的。（Gawande, 2004; Whitby et al., 2007）

你也可以利用更长的轶事。这一章的开头一段就是一个例子。唐德·普洛曼（Donde Plowman）和他的同事们的研究“偶然的激进变化：小变化的出现和放大”（Plowman, Baker, Beck, Kulkarni, Solansky & Travis, 2007）提供了一个很好的例子。他们在引言中开宗明义地描述了使命教会（Mission Church）——他们研究的对象——以及它决定开始在星期天为无家可归者提供食物，它最终达到了这样一个效果：

> 全面的牙科、医疗和眼科诊所……而且，几年之内，该教会的一个（免税机构）501（c）（3）的分支机构得到了城市拨款，为数千名无家可归者提供了一个“日间中心”，每年提供超过 2 万份膳食。教会最初只是有提供热早餐的想法，最后除了开设诊所之外，还提供了法律援助、工作培训、洗衣服务、淋浴设施这些项目。（Plowman et al., 2007: 515–516）

修辞疑问句激发了对研究的思考或说明了研究的主要主题或矛盾，促使读者从他们自己的生活经历中产生例子。虽然它不像其他类型的关子那样被经常使用，但如果使用得当，它还是很有效的。例如，在我们的研究“信息泄露：背书信号和首次公开募股（Initial Public Offerings, IPO）公司退市对风险投资家声誉的影响”中，戴夫·戈穆利亚（Dave Gomulya）、金圭峰、李佩姬和我在我们的引言中以下列修辞疑问句作为开篇问题：

> 你如何决定是否尝试一家新的餐厅，看一个新的医生，或住在一家新的酒店？你很可能会寻找不同的线索或信号，它表明你可能会有一次不错的经历——其中最主要的是组织或个人的声誉。（Gomuyla et al., 2019: 641）

我们用这个问题来与读者的日常经验建立联系，说明了我们的研究具有实际意义。通过回答这个问题，我们还说明了我们研究中的两个主要概念——信号和声誉。我们在文章后面引用了这个开放问题来继续类比，并且再次把读者的人情味赋予我们的理论观点。

我们知道什么，不知道什么，然后怎么样

除了卖关子之外，你的引言必须确定你正在参与的理论对话是什么（Huff, 1999），这个对话中缺少什么，你要为大家带来什么，以及为什么你带来的观点是相关和重要的。这正是你明确介绍主角和你的故事主题的地方。这也是你进行积极感性思考的地方，因为你需要确定一个未解决的或未充分解决的难题，并使读者相信它的存在，而且是一个需要解决的重要难题。比起“空白”，我更喜欢

“难题”和“矛盾”这两个词，“空白”让人联想到一个小的或渐进的问题。读者很少对填补空白感兴趣，而空白存在的原因往往是这个问题根本不相关或不重要。只是仅仅确定难题是不够的，或者仅仅成为“第一个”解决某些问题的人也是不够的，你需要解释为什么它是重要的。凯伦·洛克（Karen Locke）和凯伦·戈登-比德尔（Karen Golden-Biddle）把你正在加入的对话称为“互文领域”，并确定了两个过程：（1）建立对话；（2）将互文领域问题化——涉及回答以下问题：我们知道什么，不知道什么，然后怎么样。尽管作者构建他或她所参与的对话的见解非常深刻，但为了清楚起见，我将使用“对话”一词来代替互文领域。

建立对话。这是你回答“我们知道什么”这个问题要做的事情。建立对话涉及收集和整理文献或形成你关注的对话的那些文献，找出对话尚未涉及的地方，并解释为什么需要到达那里。答案可能就紧凑地放在几个段落中，或者在引言中分散开来。洛克和戈登-比德尔确定了三种不同的方法来建立对话。第一种方法被称为综合一致法。你用这种方法在不同的对话之间建立联系，这些对话具有一个共同的、但未被意识到的兴趣。因此，你在不同的对话之间架起了一座桥梁，而这些对话应该是相互沟通的。洛克和戈登-比德尔指出，这需要首先使用“共同的”“一般的”“共享的”和“基本的”等术语对每段对话进行总体特征总结描述。接下来，你要在对话中使用诸如“每一个”“都”和“如同做过”等词汇确定其共同的联系。最后，你要对对话工作进行再次阐释，以表明存在一个潜在的共同点，经常使用像“隐含”“使隐含明确”或“两者皆可”

的短语。

第二种方法被称为渐进一致法。在这里，你确定一个单一的对话并展示它应该如何向前推进。采用这种渐进一致法的研究方法通常会提到时间，并创建一个关于理论对话如何演绎发展的进度表（因此，你经常发现他们也使用趋势作为吸引人的法宝）。你会看到“最近”“过去××年”“早期研究……”“最近的研究……”，以及“多年来的研究”等短语。他们还通过提供密集的参考文献列表来展示对话的成熟度，并使用上面提到的共同性词语来展示对话中的共识。

第三种方法被称为非一致法。在这里，你不用展示对话中的共识或谈话间的共同点，而是强调对话中或对话间存在的冲突或分歧，并解释你将如何在它们之间进行取舍。因此，一段对话或多段对话使用更具争议性的术语来描述，如“一方面”“不一致”“冲突”“缺乏协议”“存在争端”“缺乏共识”和“存在争议”，或者用“反过来”和“对比”这样的术语直接对立起来。使用非一致法的作者识别出与对立阵营相关的不同学者或学者团体，经常描述互不认可的充满竞争的调查结果。

将对话问题化。一旦建立了对话，你就需要找出它的不足之处——你的研究试图解决的问题——并将之“问题化”。这就是你将如何回答“（我们）不知道什么”和“然后怎么样”的问题。也是你如何确定你试图解开的结。洛克和戈登-比德尔确定了三种越来越重要的使对话问题化的方法：（1）不完全性；（2）不充分性；（3）不可比性。

不完全性的问题化并不是批评先前的文献，相反，它认定虽然前面的见解都很好，但仍有更多的东西需要了解和理解，因而对话需要进一步发展。采用这种方法的作者需要确认遗漏的地方，并解释它的重要性，然后预示他们的研究将如何解决这个遗漏问题，以一种“有礼貌的……试探性的和谦虚的”方式做出研究贡献。（Locke & Golden-Biddle, 1997: 1042–1045）例如，在他们的“帮助其他首席执行官避免负面新闻：首席执行官与媒体交往中的社会交流和印象管理支持”研究中，吉姆·韦斯特法尔（Jim Westphal）和同事（Westphal, Park, McDonald & Hayward, 2012: 218）指出：

> 虽然这些文献对高管和其他发言人用来管理外部受众对公司领导力和绩效前景印象的策略提出了重要的见解，但它并没有解决印象管理有效性的一个主要局限性，而这一局限性已经在更大的社会影响力文献中得到确认。

不充分性的问题化对立性更强一些。它并不是暗示我们有更多的东西要学，只是表明对话是不充分的：要么是没有充分地纳入对于一个现象的不同观点和看法，要么忽略了不同的、更好的解释。它更直接地阐明了对话的疏忽，介绍并引用了支持另一种观点的文献，并直接（而不是试探性地）指出该研究如何通过解决疏忽而做出贡献。因此，它对到目前为止的对话进行了适度批评。例如，在《成熟领域的制度创业：五大会计师事务所》一文中，他们探讨了如何让中心机构的行为者——他们从现状中获益最多——可以提议对机构的主要改变，罗伊斯顿·格林伍德（Royston Greenwood）和罗伊·萨达比（Roy Suddaby）阐述道：

> 然而，变化的概念“给制度理论家带来了一个问题，他们大多认为制度是稳定和秩序的来源”。（Scott, 2001: 181）如果如制度理论家所断言的那样，行为在很大程度上是由想当然的体制规定所塑造的，那么行动者如何设想并实施对他们所处环境的改变？西（Seo）和克里德（Creed）将此称为“嵌入式代理悖论”。因此，制度理论的一个核心挑战是解释如何以及为什么被制度结构所塑造（比如，镶嵌在内）的行动者会有动力和能力来促进这些结构的变化。

最具侵略性和对抗性的问题化方法是**不可对比性**。采用不可对比性的作者不仅声称现有对话忽略了不同的、相关的观点，还声称对话是错误的，并直接提倡他们认为优于现有对话的其他论点。他们采用挑衅性和对抗性的语言来直接批评当前的对话，并直接说明他们的研究做出的贡献。保罗·赫希（Paul Hirsch）和龙思博（Mike Lounsbury）在他们关于调和“旧的”和“新的”制度理论的文章中提供了这种方法的一个很好的例子：

> 这篇文章的一个主要目的是将行动带回到制度理论对结构的日益关注中，并在解构迪马乔（DiMaggio）和鲍威尔（Powell）的新制度主义时更好地将行动与结构联系

> 起来……我们认为，如果按字面意思理解，他们在新旧制度之间建立的二分法对比是错误的和误导性的，它对更注重行动的旧制度学派的支持者和对钻研生成过程感兴趣的新制度学派的支持者，都是不恰当的贬义词。

每种问题化的方法都可能是有效的，但它们也有风险。虽然不完全性问题化是最无伤大雅的，但它所声称的贡献也可能看起来像递增的空白填补；反之，不可对比性做出了最强烈的贡献声明，却有可能因为过于尖锐和争议而激起强烈的反击。不充分性问题化看起来可能是最好的中间地带，但是如果不完全性更合适的话，也有可能被认为是过度主张；如果不可对比性更被认可的话，就会显得过于懦弱和摇摆不定。因此，一定要选择一个最适合你的情况和潜在贡献的问题化方法。在你做决定的时候，要考虑在这个问题上的共识或冲突程度，以及你是否认为哪里有错误或者只是需要了解更多。

我们将学到什么

要回答最后一个问题："我们将学到什么？"你需要告诉读者，你的贡献是如何改变、挑战或推动对话的。虽然听起来很简单，但这是最难做到的事情之一，也是大多数研究被拒绝的主要原因。事实上，当我还是一名编辑时，这是我在审稿意见中最常提到的问题。甚至对于修改过的论文，这也是被指出的主要问题之一。有时这个问题的出现是因为作者没有把研究进行问题化，有时是因为他们的研究实际上并没有变化、挑战或以任何有意义的方式推动对话。然而，有时也会发生这样的情况，即作者认为自己的贡献是非常明显的，即使不用他们指出来，每位读者也都可以看到。

当我写引言试图找出并解释我的研究有什么贡献、读者将学到什么时，我经常翻阅默里·戴维斯（Murray Davis）的经典文章："这很有趣！"在过去的40年里，每一个上过研究设计课程的人都可能读到过这篇文章。在这篇文章中，戴维斯系统地设计了让一项研究变得有趣的办法。我在下面的表4-1中总结了戴维斯的"有趣指标"。当你试图评估是什么让你的研究变得有趣时，请浏览这个列表并评估你的研究可以援引哪些类型的有趣（可以不止一种，但必须至少是一种种类）方式。它还为你提供了必要的语言来解释为什么你的贡献是有趣的，以及你的读者将学到什么。

表4-1　戴维斯的有趣指标

有趣的类型	为什么它很有趣
混乱中的秩序	看似无组织、非结构化的东西，其实是有组织、有结构的
秩序中的混乱	看似有组织、有结构的东西，其实是非结构化和无组织的
复杂中的简单（隐形结构）	看似异质的现象其实是单一的现象
简单中的复杂（假性结构）	看似单一的现象其实是异质的现象
心理的是社会的	看似个别的现象其实是整体性的

续　表

有趣的类型	为什么它很有趣
社会的是心理的	看似整体性的现象其实是个别的
社会—心理的	看似整体性或个别的东西实际上是两者之间关系的一种属性
地方性即一般性	看似地方性的现象其实是可普遍化的
一般性是地方性的或情景性的	看似普遍的现象实际上是地方性或与环境相关的
未观察到的动态性	看似稳定和不变的东西实际上是不稳定和变化的
未观察到的规律性或周期性	看似不稳定和变化的东西实际上是有规律和重复的
未观察到的功能性	看似对实现一个目的来说是无效的，其实是有功能的
未观察到的功能障碍	看似对实现一个目的来说有功能的，其实是无效的
未观察到的好处	看似坏现象的其实是好现象
未观察到的坏处	貌似好现象的其实是坏现象
未观察到的相关性	看似独立的现象其实是相互关联的
虚假的相关性	看似相互关联的现象其实是独立的
虚假的共存	看似可以一起存在的现象真的不能同时存在
惊喜的共存	看似不能一起存在的现象真的可以同时存在
假正面	看似正共变的现象其实是负共变
假阴性	看似负共变的东西其实是正共变

续 表

有趣的类型	为什么它很有趣
其他错误变体	增量是连续的，连续是递增型，曲线型是线性型，线性型是曲线型
虚假的相似性	看似近似的现象其实是相反的
假性差异	看似不同的现象其实是相同的
因变量就是自变量	看似预测变量其实是结果
自变量就是因变量	看似结果其实是预测变量
单向关系是复杂的	看似直接关系其实是一种相互的非递归关系

约翰·霍伦贝克（John Hollenbeck）注意到戴维斯的方法是有效的，因为它转移了关于我们认为我们知道的东西的“共识”，表明我们认为好的东西实际上是坏的，我们认为随机的东西实际上是系统化的和结构化的，我们认为简单的实际上是复杂的，等等。因此，共识转变涉及识别广泛接受的假设，对其进行挑战或为其划定界限（例如，证明为什么这些假设在某一背景或时间段内可能有效，而在另一背景或时间段内则无效），并描述其对今后对话的影响。例如，这就是格林伍德和萨达比使用的方法，他们指出：

> 与现有的理论相反，根据精英们嵌入普遍的行动逻辑中的网络中心性并令他们对变革的可能性迟钝，我们表明这样的网络位置如何能提高对替代方案的认识。

霍伦贝克认为，“形成共识”是另一种强有力的贡献方式。他指出，通过形成共识，“作者表明在文献中同时存在两条（或更多）明显的不同思想路线”（Hollenbeck, 2008: 20），以及他们的研究是如何澄清辩论的思路或解决冲突的。例如，赫希和龙思博在陈述中指出这一方法：

> 迪马吉奥和鲍威尔对解决行动—结构的争论进行调和。他们有选择地介绍了双方，但没有充分地讨论各自的优势和劣势，也没有充分讨论它们如何能够调和。在这篇文章中，我们补充了这些内容，并希望该领域能够包容和区分两者。

亚当和我调查的获奖作者和审稿人说，平均而言，他们建议拒绝或修改的决定中，有30%是基于引言部分。因此，要花力气撰写一个重点突出的卖个关子的引言；建立和问题化理论对话，使读者了解我们知道什么、不知道什么以及为什么它很重要。运用戴维斯的指数来评估是什么使你的研究变得有趣，并考虑你是否在转移共识或形成共识，从而使读者学到什么。这将增加你的决定信的可能性，而不是“你的研究目前没有明确的结论”。

标题和摘要：吸引读者进入文章

在你卖关子给读者之前，你需要吸引他们的注意力，并使他们阅读你的文章。有效的标题和摘要起到了这些作用。借用乔伊丝·博诺和我之前使用的一个比喻（Pollock & Bono, 2013），想一想你是如何在书店里浏览书籍的（是的，人们仍然去书店）。有可能当你在展示台或书架上看书时，书名是第一个吸引你注意力让你拿起书的东西。如果它看起来足够吸引人，你可能做的下一件事是浏览扉页或封底的书的简介。在学术文章中，标题和摘要也扮演着这些角色。

标　题

海伦·索德说："就像头上的帽子或房子的前门一样，学术文章的标题给人以强有力的第一印象。"一个有效的标题是你吸引读者注意力的第一个也是最好的机会，并吸引他们看你的摘要，然后是引言。一个有效的标题，像个小型摘要，激发读者的好奇心，以经济的文字提供有关该文章的主题、理论方向、有时是背景的基本信息。我还认为，最好的标题会留在读者的脑海中，这对帮助读者回忆是至关重要的，从而使你的文章有更大的影响力和更高的引用率。思考一下你在写论文时如何使用参考文献，你是不是不停地在互联网上搜索完美的参考文献呢？还是引用你想到的论文？虽然我们有时会去搜索，但在大多数情况下是后者，而一个令人难忘的标题使得论文更容易被想起。

那么，一个有效的标题是什么样子的呢？它们可以采取各种形式。它们可以是单一的直接陈述，也可以以带答案的问题的形式表达。最常见的措辞之一是“两段式”标题，两段之间用冒号隔开。冒号之前的部分实际上有一个名字，它被称为“前标题”。有些人用与论文主题相关的抓人的短语作为前标题，而其他人则用它来提供更多描述性的信息。作者经常犯的主要错误是把标题的两部分都写得很长——就像我在第三章中讨论的把句子塞得很满一样，并且用各种专业术语来包装它们。虽然意图是传达最大的信息量——值得称赞，但结果是一个冗长的、不美观的没有人记得住的标题。根据我在第二章和第三章中对节奏和韵律的讨论，如果你有一个长的前标题，第二段就应该短；如果你的前标题短，第二段就可以长。格林伍德和萨达比的标题“成熟领域的制度创业：五大会计师事务所”，就是前者的一个例子。我的标题“傀儡大师：自恋的首席执行官们如何构建他们的职业世界”是后者的例子。此外，还应尽量控制标题中多音节词的数量，特别是在长篇文章中。太多的长词会使标题变得很糟糕。

虽然有些人觉得它们很老套，而且我也见过（和写过）一些不好的标题，但能够引出研究主题的抓人的前标题可以吸引注意力并在读者心中留下印象。一种方法是使用文字游戏。其中两个我最喜欢的是“‘She’-E-Os：性别效应和投资者对高层管理人员任命的反应”（Lee & James, 2007）和“黄金降落伞如何展开：一个有争议的做法的扩散和变化”（Fiss, Kennedy & Davis, 2012）。借用著名电影的标题也是有效的，比如迈克·普拉特的“好的、坏的和矛盾的：管理安利经销商的认同感”，以及我和基沙·拉什利的文章标题（Lashley & Pollock, 2020）“等待吸入：消除医用大麻行业的污名”。你也可以使用歌曲标题和歌词。“傀儡之王”是金属乐队的一首劲爆歌曲的名字。其他的例子有“是时候让我飞了：预测大公司的董事离职”（Boivie, Graffin & Pollock, 2012）和“生来就是为了承担风险？首席执行官出生顺序对战略风险承担的影响”（Campbell, Jeong & Graffin, 2019）。最后，你也可以采用不寻常的并列关系。这种方法的一个很好的例子是“理性经济人的床边礼仪：如何以及为什么引出经济模式会减少同情心”。（Molinsky, Grant & Margolis, 2012）除了以巧妙的措辞吸引注意力外，这些标题的节奏也很好，有很好的节奏，并告诉你关于研究的主题和背景。

摘　要

尽管摘要是论文中仅次于标题的阅读量最大的部分，但在讨论学术写作时，摘要通常很少受到关注。摘要是你的引言的缩写，提供足够的细节，使读者对论文的内容有更多的了解，同时也引导他们想知道更多的内容，这样他们才会继续阅读引言。

摘要的长度因期刊而异。我见过一些期刊要求摘要短至 50 个单词，这确实限制了你能说多少。这些摘要仅仅是预告性的。大多数期刊将摘要保持在 100 ～ 200 单词，这为实现你的目标提供了足够的空间。由于这些限制，你的句子需要简短而直接。一个好的摘要须提供以下信息：（1）研究问题；（2）理论领域；（3）研究类型（例如，定性、定量或理论）；（4）经验背景（如果不是理论论文）；以及（5）你的主要发现的概要。它还应该至少挑明什么是有趣的，以及为什么。以迈克·普拉特的摘要举例来说：

> 对网络营销组织安利的分销商进行的人种学研究，考察了管理成员组织认同的实践和过程。研究显示，该组织通过以下两种方式管理认同：解构意义实践和给予意义实践。当解构意义和给予意义的实践都成功时，成员对组织的认同是积极的；当意义解构或给予意义的实践失败时，成员就会失去认同，或对组织产生矛盾的认同。提出了一个一般性的识别管理模式的模型，并提供了其理论和实践两方面的意义。

普拉特告诉我们这是一项什么样的研究（人种学），背景是什么（一个网络营销组织），研究问题和理论领域是什么（管理成员的组织认同所涉及的实践和过程），并总结了他的主要发现，并解释了为什么它是有趣的。他使用清晰、直接的句子，以最少的字数提供关键信息。

就像萨拉和我做艺术表演时一样，你最多有 5 秒钟的时间靠标题吸引读者的注意，再用稍微长一点儿的时间靠摘要来诱惑他们，靠引言来勾住他们。在本章中，我已经提供了关于好的标题、摘要和引言的指导。但我相信你也有自己喜欢的东西。像往常一样，不同领域的规范会有所不同。我鼓励你重读并分解一些你喜欢的标题和引言，并看看作者是否以及如何在摘要中捕捉重要信息。

第五章 上升动作：理论和假设

Theory and Hypotheses

“你的论点理论性不足。”“你的假设似乎很明显。”“这有什么新鲜的？”在我们职业生涯的某个阶段，我们都曾收到过类似的对我们努力撰写的论文的反馈，可能没有比这更重要的或更令人抓狂的评论了。它们之所以重要，是因为它们直指你的研究的核心，说你在打结方面做得不够好。同时，它们也令人抓狂，因为它们是非常主观的陈述，特别是如果没有提出具体的理由来说明为什么审稿人认为你的论文理论性不足、你的假设很明显或者你没有提供任何新的东西。

不管怎么说，他们说的是你没有充分地定义和展示你的每个主角、配角和故事情节，没有形成一段连贯的、有说服力的叙述。这些是理论和假设部分的主要作用。在本章中，我将讨论理论和假设部分的主要内容，以及作者面临的最常见的挑战：提出理论观点，清晰论证，提出明确的假设，并以合乎逻辑和有效的方式来组织该部分的叙述。虽然我讨论的大部分内容也适用于理论论文和定性研究的理论背景部分，但也有一些区别，我将在第八章中讨论这些差异。

有说服力的理论：五种发展理论的工具

理论和假设部分是定量实证文章中介于引言和数据及方法之间

的部分，它是构成论文“前端”的主要部分。这一部分建立在“引言”的基础上，详细阐述你所参与的一段或多段对话，以及其中不完全性、不充分性或不可对比性的地方；提出你的理论观点和见解，以解决这些缺陷，并清楚地说明你从这些观点和见解中逻辑性地得出的假设。这就是大部分上升动作发生的地方，也是你的文章打结的地方。撰写一个有效的理论和假设部分的关键是提出你的理论观点。然而，什么构成理论以及它是否充分是一个主观的评估，最终取决于读者对你的故事是否买账，而这又取决于你是否提出了具有说服力的论点。为此，重要的是要了解什么是和什么不是具有说服力的理论主张。

有几篇关于什么是理论的经典文章（e.g., Van Maanen, 1995; Weick, 1989; Whetten, 1989），但在其最基本的层面上，理论是对原因的解释。如果你得到反馈说你的论文或假设理论化不足，那就是你没有做一个令人信服的工作来解释你为什么期望关系是如此的。理论提供了一个关于现象之间联系的故事，以及行动、事件、结构、思想或感觉发生的原因。它强调了关系的性质、方向、背景和时机，并深入研究基本过程，以了解事情发生或不发生的系统原因[1]。

一个好的理论论证既要有简单性，又要有相互关联性。（Sutton & Staw, 1995）它通常从一两个概念性的陈述开始，然后继续建立

1 理论化并不仅仅意味着援引特定的理论（例如，制度理论、交易成本经济学理论或工作特征理论）。例如，以机制为基础的理论化（Davis & Marquis, 2005）不一定要引用特定的理论，但它确实解释了为什么某些关系和现象会存在，以及它们如何相互影响，这也是理论化。

一个符合逻辑的详细案例。《美国管理学会学报》前副主编雷·斯帕累（Ray Sparrowe）和凯尔·迈耶（Kyle Mayer）发现，一个好的理论发展部分会引用相关文献，特别是与他们的论点和发现相关的。避免将不相干的或边缘性的研究拖入其中，并直面那些似乎贡献相似的研究，阐述它们的差异。它将新的观点与现有的理论和研究结果结合起来，以证实这些假设，因此当读者看到正式的假设陈述时并不会感到惊讶。

然而，许多学者把不同的理论建构工具误认为是理论本身。在他们关于这个问题的经典文章中，作为理解理论是什么的一种手段，罗伯特·萨顿（Robert Sutton）和巴里·斯塔（Barry Staw）对理论不是什么提供了一些有用的见解。他们指出了五种常见的重要的发展理论的工具，但它们并不构成理论或理论论证：参考文献、数据、变量和概念清单、图表和假设。

参考文献是发展和区分新理论的必要条件，但不能代替理论本身。掉进这个陷阱的人犯了“引用论证”错误，在罗列了一长串的引用后随即做出陈述，而没有说出这些不同的研究论证和发现了什么，没有通过将这些论证和发现编织到新理论主张讲明为什么某事会发生。引用论证反映了第三章所讨论的猜测病态，因为它假定读者对每项研究都有深入的了解，并能自己把这些片段联系起来。读者不应该非得熟悉参考文献才能知道它说了什么。这就需要你、作者，来总结参考文献所描述的概念、结构、逻辑、关系和因果机制以及它们是如何与你正在建构的理论相联系的。

与参考文献一样，**数据**对于提供理论见解也是必要的，因为数据和实证结果可以证实、否定或修改理论。然而，数据并不是理论，因为它并不解释为什么某些事情发生了或没有发生；它只是说明了所发生的事情。同样地，简单地介绍另一项研究的结果并不构成理论，也不能完全用来证明你的假设，因为仅仅是对研究结果的总结也没有解释为什么能有这些发现，只是说明它们发生了。你必须将它们与对研究结果的理论解释结合起来，以形成你的论点。

因此，在总结一项研究的发现之前或之后，你还应该提供一些见解，说明为什么作者认为这个结果会发生，以及它对你的论点有什么影响，它是如何增加你的故事的说服力，并帮助你的研究打结的。

变量和概念清单单列出来也不构成理论，因为你需要把它们放在一个背景中，并阐明它们之间的关系。如果你曾经审阅过一篇论文（你不太可能在书中看到这样的论文），它只是简单地罗列和界定概念，然后附上假设形式的定义，你看到的就是变量列表被用作理论研究的情况。每当你列出一个概念，你就需要讨论它与研究中其他变量的关系。你可能还需要讨论它与其他类似概念的关系，并解释为什么是这个概念而不是其他的概念与你的故事最相关。

图表是说明你的理论论点的有用工具，但它们本身不是理论，因为它们也没有解释原因。与变量列表不同的是，它们至少（我希望！）表明着概念之间的关系。但是，如果没有口头解释正在发生的事情的内容，以及为什么会发生，那么它们并不构成理论。正如我在第三章中指出的，如果你在论文中加入图表，你最好对其进行解释，因为它们不能为自己说话。

假设也不是理论，因为它们描述的是关系看起来像什么，而不是为什么会发生。假设总结了基于理论的预测，在理论和数据之间搭建了桥梁。它们明确了你将如何操作化从你的逻辑性理论观点中产生的关系和变量。因此，它们是理论的结果，而不是理论的替代物。

在建立理论观点和提出假设时，你要始终注意是否清楚地定义了你的主角和配角——你的关键概念。你必须证明它们的重要性，阐明它们之间的关系，并解释为什么会存在这些关系以及后果是什么。因此，首要的任务是论证的明确性。

明确的概念界定：确保所谈为同一事物

《管理学会评论》[1]前编辑罗伊·萨达比写了一篇有关概念界定明确性的文章（Suddaby, 2010），该文章同样适用于理论、定量和定性研究。萨达比说："明确的概念是指将各种现象提炼成区别明显的稳健类别，使研究社群可以理解。"概念明确性很重要，因为它有利于研究者之间的交流，可以确保他们谈论的是相同或不同的东西，减少了不必要的由于对同一事物的不同称呼而导致的多种理解。概念明确性也有助于学者们研究出更好的测量指标（它增强了概念效度），促进有关现象的知识积累。最后，萨达比认为，概念的清晰性可以增强创造力和创新，因为捕捉基本特征和区分不同现象的能力"不仅可以作为一种有用的描述手段，而且可以激发人们

1《管理学会评论》是管理学界首屈一指的纯理论文章发表处。

对其他可能的关系、相关概念的洞察力”。（Suddaby, 2010: 353）

清晰的概念有连贯的定义和范围条件，并有可识别的脉络和与其他概念的关系。概念越新，你提供这些信息就越重要。不管怎么说，你都应该定义你的概念。好的定义可以抓住概念的关键特征，避免同义反复（用概念本身来定义概念），将概念的前因后果排除在定义之外，在仍具普适性的情况下尽可能地缩小概念的定义范围，并剥离可能随着时间的推移和滥用而累积在概念上的“多余意义”。如果你正在使用一个现有的概念，那么通常会有一个或多个定义，因此你将需要解释你为什么要选择这样的定义。清楚地说明你的定义，也有助于确定你所加入的对话。例如，维奥莉娜·林多娃及其同事（Rindova, Williamson, Petkova & Sever, 2005）指出，经济学家和社会学家对声誉的定义是不同的：经济学家将其定义为对一个公司在未来提供高质量产品和服务的能力的期望，而社会学家则将其定义为反映一个或多个特定群体对一个公司的全球印象的看法。这些定义强调了概念如何运作的不同理论假设，清楚地解释你对定义的选择，可以使你置身于适当的对话中。

范围条件指的是定义何时适用和何时不适用。它们可以是时间性的、地域性的、行业性的或年龄性的，并与分析水平或组织形式（如公共或私人、盈利或非盈利等）相关联。由于大多数概念都来自先前存在的概念，概念的脉络描述了该概念所产生的相关概念。例如，在一项关于奖励结构的变化方向（从合作到竞争或从竞争到合作）如何影响团队适应新结构的能力的巧妙研究中（Johnson et al., 2006），约翰逊和他的同事们引入了一个新的概念——竞争性合作（很押韵）——他们将其与其他概念联系起来，例如集权和分权、合作和竞争性奖励以及友好竞争。

焦点概念与其他概念——经常是相似的概念，而不仅仅是它们源头的概念——关系也很重要。例如，当维奥莉娜·林多娃、马特·海沃德（Mat Hayward）和我提出了“企业知名度”这个概念时（Rindova et al., 2006），我们认为它是几种不同类型的“社会认可资产”，我们必须将企业知名度与相关的声誉、地位和合法性等概念区分开来。

你在第一次提到新概念时，对其进行定义是很重要的——不管是在引言还是在理论和假设部分——并在理论建构部分详细说明它们的范围条件、渊源脉络以及与其他概念的关系。如果一个概念是众所周知的，你在“引言”中可以不定义它，而只需在理论和假设部分阐释这个定义，在文章的理论建构部分详细讨论为什么选择这一定义而不是其他定义，以及它在文章的理论建构部分的范围条件等；把它们包括在引言中会使你的研究对象问题化偏离方向，并从一开始就破坏了你的动态和节奏。

清晰连贯的假设：说明自变量和因变量的关系性质

假设是你的理论观点的逻辑结果[1]。虽然假设在你的论文中只占几行字，但它们解释了基于建立在理论上的机理的关系是什么样

1 假设与命题不同，我将在第八章中讨论。

的，并指引着你的实证分析。我认识的一些编辑，他们在阅读一篇论文之前只检查其假设，看看他们是否能弄清楚故事可能是什么。就像概念一样，你的假设必须是清晰的，并且连贯地组织在一起。至少，所有的假设都必须说明关系的性质。也就是说，区分哪些是自变量（IV）和因变量（DV）。还必须说明关系的方向以及关系是正还是负。因此，说“X”与“Y”有关是不充分的，因为没有指明其中哪个变量在影响另一个变量以及这种关系是正还是负。

假设还应该包含其他的关系特征。如果关系不是线性的，假设应说明其**形状**。它是完全曲线的，即低水平的 IV 与 DV 有正向关系，而高水平的 IV 与 DV 有负向关系（或反之）？或者，它是部分曲线的（例如，正的，但是递减）或呈三次方的？你还需要指定**干预变量**（调节变量或中介变量）以及它们的影响**强度**和方向。在进行不同概念之间的相对比较时，明确效果的强度和方向也很重要（例如，X 会比 Z 对 Y 有更大的正向影响）。

至关重要的是，你的假设要准确地反映出你理论化和检验的关系的类型。假设通常有三种形式。“**如果—那么**”假设表明，如果某些特定的条件成立，就会出现一个特定的结果：如果 X，那么 Y。“具有同等经验的女性首席执行官的薪酬将低于男性首席执行官的薪酬”是一个“如果—那么”假设：如果是女性，那么薪酬就少。交互假设也可以是“如果—那么”假设：如果 Z 发生，X 对 Y 的正面（负面）影响就会降低（加强）。例如，“当公司总部设在一个更具有平等意识的地方时，性别对首席执行官薪酬的负面影响就会降低”。这就为我们的第一个“如果—那么”假设提供了条件，因公司的所在国家而异。

假设也可以是**连续性**陈述：X 的值越大（越小），Y 的值就越大（越小）。“公司的股票表现越好，首席执行官的总报酬就越高”就是一个连续性假设例子。“首席执行官的任职时间越长，公司股票表现对首席执行官薪酬的影响越弱”是一个连续交互假设的例子。曲线型假设通常也是连续性陈述（例如，公司绩效与首席执行官薪酬有正向但递减的关系）。然而，除非你的概念是连续的，否则不要使用连续性假设陈述。如果概念是二分或多分类的，就不能使用连续性假设，因为二分和多分概念可以是无序的（例如，女性／非女性）或在不同状态下有不连续的影响（例如，低、中和高地位）。

最后，假设也可以是进行相对比较的**差异**陈述。它们可以是主效应假设，也可以是交互效应假设，还可以包括“如果—那么”或连续性关系。例如，“A 类中 X 对 Y 的影响比 B 类中 X 对 Y 的影响大（小）”比较了同一自变量对同一因变量在不同背景下的影响（例如，公司绩效对男性首席执行官的总报酬的影响比对女性首席执行官的总报酬的积极影响更大）。相反，“X 对 Y 的影响比 Z 对 Y 的影响更大（更小）”则是比较不同自变量对同一因变量的相对影响。在同一背景下，不同的自变量对同一因变量的影响（例如，性别对首席执行官总报酬的影响比公司绩效的大），比较了自变量对因变量在不同中介变量的水平上的影响（例如，公司的绩效越低，性别和首席执行官的报酬之间的关系就越强）。当你谋划你的理论和假设部分时，请确保你对假设的明确性和概念的明确性给予同样多的关注。

构建理论和假设：一些经验性建议

所有的理论和假设部分都必须完成某些任务，但你可以用多种方式来组织它们。虽然下面的清单并不详尽，但我认为，你如何组织理论与假设部分取决于：（1）你的对话中所确定的理论领域的数量和你的问题化方法；（2）你是否引入了一个新的概念；（3）主角的数量和他们的角色；（4）配角的数量和他们的角色；（5）你如何引入背景，利用它来推动故事的发展，并提供一个有人情味的解释；（6）你把你的模型图放在哪里。在本节的其余部分，我将讨论这些各种可能的事件，并就其对组织理论和假设部分的影响提供一些经验性建议。表 5-1 概述了我的建议。与我的大多数建议一样，相信你可以找到不适合这些建议的有效例子，然而，这些经验法则为你提供了一个做出合理选择的起点，你可以在此基础上出发和实验。

理论领域的数量。一个关键的结构性因素是你专注于一个主要的理论领域还是处理多样的文献。采用不完全性或不充分性问题化方式的渐进式一致性的研究通常集中在一个**单一的理论领域**。因此，他们的理论和假设部分通常从文献回顾开始，确立我们对文献和它的局限性的了解。这就为需要提出什么具体的论点——也许包括新的建构，以及新的关系是什么样的以及为什么是这样的——奠定了基础。在建立每一部分的理论时，假设通常是在每一节的结尾处引入的。

例如，在他们的研究“影响和动机维持的艺术：受益人接触对坚持行为的影响”中，亚当·格兰特和他的同事使用了渐进式一致性和不完全性的问题化方式来论证学者们忽视了工作设计的关系方面。（Grant et al., 2007）他们认为，使工作者与他们行为的受益人联系起来的设计，会增强工作者坚持执行任务的动机。由于专注于单一的理论领域，他们在理论和假设部分的第一段介绍了他们的关键概念——动机维持。从第二段开始，将其置于工作设计文献中，提出了他们的第一个假设。由于这是一个双实验研究，他们在每一个假设之后都附上了实验的方法和结果。但他们在提出每个假设时都遵循了同样的一般结构。

表5-1 组织理论与假设部分

因素	位置
单一的理论领域	先进行理论综述，新理论互相支持之后再提出假设
多个理论领域	首先是总体框架，然后是具体理论内容介绍、整合或对比。理论和假设可以是顺序的，或首先介绍理论，然后提出假设
现有的概念	可以在背景开始或之后一起介绍它们；也可以随着假设的发展，按顺序介绍它们
新的概念	通常是早期引入的
单一主角	提前介绍 **如果是自变量**：在定义之后，解释它如何影响了配角因变量 **如果是因变量**：在定义之后，解释它是如何被配角自变量影响的

续　表

因素	位置
多个主角	**既有自变量又有因变量：** 如果是一个因变量和多个自变量，则先因变量后自变量 如果是一个自变量和多个因变量，则先自变量后因变量 如果是多个自变量和因变量，可以先自变量，也可以先因变量。它们可以随着故事的展开而穿插进行 **所有自变量：**可以按顺序引入假设，或如果进行相对比较的话作为一组，然后是假设
单一配角	**如果是因变量：**通常在早期引入 **如果是自变量：**随着故事的展开引入
多个配角	随着故事的展开引入
背景	**早点介绍：**如果对介绍你的角色不可或缺的话 **理论之后介绍：**如果与介绍角色无关但有助于讲述故事 **晚点介绍：**如果实验室研究或更一般的背景对故事不重要（例如，标准普尔500指数）
图——一般说明	在讨论相关理论的地方
图——总结模型	假设形成后

使用综合的或不充分性或不可对比问题化方式的非一致性研究可以采取多种理论。为了创造一个连贯的叙述，你通常需要把这些理论放在一个介绍和讨论它们的相关方面的总体性的框架中，然后对它们进行整合或对比。你通常会在这一节的开头或接近开头的地方提出你的总体整合框架，然后进入每个理论的更具体的细节对其

进行发展并提出相关的假设。根据你是对比还是整合理论以及如何整合，可以按顺序介绍不同的理论及其相关的假设；或者你可以先介绍并整合所有的理论，然后根据整合后的论点提出假设。

例如，在前面讨论的割裂的合作研究中，约翰逊及其同事首先回顾了结构权变理论和社会相互依赖理论，并将它们与热力学第二定律的新用途结合起来，创建了他们的新理论框架——结构适应理论。然后，他们用这个框架来发展他们的关键概念和假设。

新的或现有的概念。现有概念通常比新概念的提出要容易一些。你要确保定义了每个概念，确认相关的文献，并解释其与你正在建立的论点之间的关系。不过，你可以在提出假设之前就一起介绍这些概念，或在提出每个假设的过程中依次介绍这些概念。你也可以在介绍现有概念之前，先讨论一些其他的事情，比如你的研究背景。

另一方面，你一般会在早期引入**新的概念**，它们通常是你的理论贡献的主要焦点，需要比现有的概念更多的阐述。除了提供一个清晰的定义和描述概念的范围条件外，你还必须特别注意要将该概念与其他概念区分开来，并确定新概念的必要性和独特的附加价值。一种方法是用一整个章节来定义该概念，你可以从定义开始，然后回顾相关的文献，解释和论证该概念。另一种方法是从文献综述入手，找出一些缺失的部分——你的概念——再介绍。这两种方法都很有效，但使用后一种方法，如果你花了太长的时间用精妙的方式介绍你的新概念，就有可能太盲目而令读者失去兴趣。

主角的数量及其角色。正如我在第一章所讨论的，你应该在铺垫部分介绍你的主角，然后详细说明他们的故事和他们在上升动作中要走的道路。在理论和假设部分的开头讨论主角，并且清楚地确立其与你的研究主题的关系。因此，它可以是你的文献综述的主题，也可以紧随其后。如果你的单一主角是一个自变量，那紧跟在其定义后面要说明它是如何影响配角（因变量）的结果的。如果它是一个因变量，那么在介绍和定义了它之后，你应该确定影响它的辅助性自变量角色。例如，如上所述，格兰特及其同事在他们理论发展的第一段中介绍了他们的主角是动机维持。

对于多个主角，你有更多的选择，取决于他们是自变量和因变量还是全部是自变量（多因变量主角是罕见的）。哪一个在先取决于你所制定的故事情节和你想如何打结。如果有一个因变量主角和多个自变量主角，则通常以因变量为先，因为你的故事大部分都是关于自变量如何影响因变量的。然而，如果只有一个自变量，而有多个因变量主角，你可能会先介绍和讨论自变量，因为你的故事大多是关于这个自变量如何影响不同的结果。如果你有多个自变量和多个因变量主角，你可以任意选择，或者可以随着故事的展开将自变量和因变量穿插在一起。这真的取决于你的故事。如果你的主角都是自变量，你可以依次介绍他们，然后介绍他们的相关假设；如果你要在他们之间进行相对比较，可以在一组中介绍他们，然后介绍你的假设。

配角的数量及其角色。当配角牵扯到故事中时，你通常会介绍和讨论配角。因此，配角是随着故事的展开而介绍的，特别是当他们承担调节或中介作用的自变量时。然而，如果你有一个单一的因变量配角，你可能想尽早介绍和讨论它，以便你可以阐述和讨论自变量主角与因变量的关系。随着故事的展开，无论是自变量还是因变量，你通常会介绍多个配角。

例如，在我与迈克·法雷尔（Mike Pfarrer）和维奥莉娜·林多娃的“两种资产的故事：公司声誉和知名度对收益惊喜和投资者反应的影响”（Pfarrer et al., 2010）的主角是自变量公司声誉和知名度，我们的配角是因变量积极和消极的收益惊喜，以及投资者对收益惊喜公告的反应。尽管收益惊喜是配角，但在读者知道它们是什么之前，我们无法讲述我们的故事。因此，我们通过定义和回顾关于收益惊喜的文献来开启我们的理论发展。然后，我们介绍了我们的主角，并阐述了支持我们第一组假设的理论，即公司声誉和知名度是如何影响公司经历积极和消极收益惊喜的可能性的。之后，我们介绍了第二个配角，即投资者的反应，并阐述了支持我们第二套假设的理论，即公司拥有声誉和知名度如何影响投资者对积极和消极收益惊喜的反应。因此，我们在一开始就引入了一个配角，而另一个则是在后来随着故事的发展而引入。

背景。你可以在早期介绍你的研究背景，在整个理论和假设部分做出介绍说明，或者在结尾处介绍，以便为你的经验分析做准备。例如，如果你的研究背景对于描述故事中的关键角色是不可或缺的，那么就应该在早期引入它。在我们关于公司声誉和知名度对收益惊喜的影响的研究中，收益惊喜是我们的研究背景，也是一个配角。尽快描述收益惊喜让我们更容易提出理论观点。

与此相反，在我与韩正勋（Jung-Hoon Han）的“双塔（或介于两者之间）：跨身份等级的地位不一致的行为后果”（Han & Pollock, 2021）研究中，我们没有介绍我们的研究背景——好莱坞的表演者——直到我们回顾了相关文献并建立了基本的理论框架。在这个例子中，我们利用研究背景为研究创造了一个人性化的环境，并且我们用背景中的例子来“展示”理论论据，支撑每个我们“告诉”读者的假设。在进入下一个复杂的、更抽象的理论观点之前，这种方法也有助于文章的动态和节奏，为读者创造一些停顿的空间。

你也可以选择完全不提你的研究背景，或者在你提出所有假设后才提供。如果你正在进行实验或模拟，这种方法最为有效。（e.g., Grant et al., 2007; Johnson et al., 2006）在这种情况下，你为你的研究创造了一个人为的背景，或者如果你的背景是一般的东西，如标准普尔 500 强公司。正如我在第二章中所讨论的，无背景的理论研究通常是相当无聊的，所以你要确保在理论和假设中加入其他的真实世界的例子，这样它就有了人情味，你就可以向读者展示这些关系是什么样子的，而不是仅仅告诉他们。

引入理论图表。我的一般经验法则是在你发展理论的地方引入回顾或发展一般理论的图表，并且在理论和假设部分的结尾处引入总结假设关系的图表。如果你提前介绍你的总结性图表，读者往往会忘记它是什么样子的，特别是如果它是复杂的。即使你中途反复引用，读者也必须反复翻阅以提醒自己。约翰逊及其同事提供了一个很好的例子，他们用一个三维图形来说明他们是如何将奖励纳入结构性权变理论的。鲍姆和同事（Baum, Rowley, Shipilov & Chuang, 2005）提供了一个后者的有趣三维例子。如果你采用了一个总结性的图表，请在你的模型中为每个环节标注相关的假设。

在这一章中，我讨论了理论和假设部分——推动故事的上升动作并打结的地方——的三个关键任务：（1）介绍并明确界定你的关键概念；（2）确立你所加入的理论对话，它的不足之处以及你的贡献（你的理论如何解释未被探索或未被充分探索的机理）；（3）论证并提出反映主角和配角之间的预期关系的假设。我还讨论了你所借鉴的文献的数量，以及你是依靠现有的概念还是引入新的概念，你的主角和配角的数量与角色，以及你如何运用你的研究背景影响你安排这一部分的结构。我劝你在写文章时，回到你最喜欢的文章库中，研究作者何时以及如何介绍他们的主角和配角，以及他们是如何安排上升动作的，以解释为什么他们认为他们所研究的事情会发生，以及他们是如何有效地为故事打结的。希望这些能帮助你组织文章，你就不会再被告知假设理论不足。

第六章

高潮和下降动作：方法和结果

Methods and Results

作为一名博士生，你负责起草的论文第一部分是什么？对于许多人来说，是方法部分，也许还有结果部分。许多人认为方法部分是最“容易”写的部分，因为它具有很强的描述性：我们如何收集样本，如何测量变量，以及如何分析数据。教师还要求博士生撰写“结果”部分，因为他们很可能是进行所有分析的人。报告结果是否支持假设比提出复杂的理论观点更直截了当。

然而，与引言、理论和假设部分一样，方法和结果部分也必须能说服读者。方法部分应该让读者相信你的实证研究是设计良好的，你做的一切都是正确的。结果部分必须说服读者你的结果支持（或不支持）假设，并且你已经排除了其他解释。也就是说，你的结果是有效的、可靠的，并且是可复制的。在这一章中，我简要回顾了方法和结果部分所要解决的四种效度类型，以及所有实证研究所面临的权衡问题。然后，我讨论了每个部分的目的、撰写方法和结果部分的挑战以及通常这些部分是如何组织的。在这一章中，我只专注于定量研究，在第八章中将讨论定性实证研究的方法和结果部分。

四种效度类型：内部效度、外部效度、建构效度和统计结论效度

方法和结果部分必须让读者信服，让他们相信你已经充分处理了四种主要的效度类型：内部效度、外部效度、建构效度和统计结论效度[1]。

内部效度是指自变量的变化和因变量的变化之间的因果关系没有貌似合理的替代解释。因此，如果你提出了因果关系的论点，你的方法和结果部分必须说服读者，你已经排除了威胁内部效度的其他合理解释。如果你没有或不能提出因果关系的论点（例如，关系是横向的和相关的），你需要确保你的措辞适合你提出和检验的论点（例如，是“与……相关的”，而不是“导致”）。在检验相关关系时，使用因果关系的语言是方法和结果部分最常见的错误之一。

外部效度是指在不同的实体、环境、测量和时间上，自变量和因变量之间的关系的一致程度。换句话说，你的研究结果在多大程度上可以被推广到其他背景和概念操作化中。因此，描述你的研究背景对于说服读者相信研究的外部效度至关重要。因为你描述背景的方式有助于读者看到你的研究与其他研究背景的相似性。提供其他背景下的具体例子也有帮助。与内部效度一样，你需要证明你已

1 对于详尽讨论效度的入门书，我建议使用沙迪什（Shadish）、库克（Cook）和坎贝尔（Campbel）所著的《广义因果推断的实验和准实验设计》（*Quasi-Experimental Designs for Generalized Causal Inference*）；对于不那么详尽但更容易理解的入门书，我推荐唐·施瓦布（Don Schwab）的《组织研究方法》（*Research Methods for Organizational Studies*）。

经排除了背景、时间和测量效度的威胁，以及／或者限制你的理论和观点，这样你就不会试图把你的研究发现泛化到不适当的范围。

第五章涵盖了建构效度的一个方面——在多大程度上自变量和因变量的概念操作化能够准确地反映出该兴趣的理论概念而不是其他概念。理论和假设部分的重点是明确界定概念和它们之间的预期理论关系。方法部分集中在建构效度的第二个方面：经验测量在多大程度上反映了概念的定义。在这里，你需要说服读者，你的测量方法抓住了所有概念的突出特征，并且没有被其他概念的特征所影响。你的测量方法必须具有表面效度——也就是说，在一个聪明人或专家看来是合理的。结果部分抓住建构效度的第三个方面，即测量之间的经验关系是否反映了概念之间的理论关系。

最后，统计结论效度是指用于评估自变量和因变量之间关系的统计检验，能够在可接受的概率水平上准确反映出总体中的关系程度。因此，你的样本描述、测量和分析技术需要让读者相信你的样本足够大而且没有明显的偏差，你的测量方法是准确的、无偏的，并且不包含大量的误差。你还需要确定你所采用的分析技术在考虑数据分布和其他特征后是适当的，并且不会使你的结果偏向于发现假阳性（第一类错误）或假阴性（第二类错误）。

三角困境：不可避免的设计缺陷

心理学家乔·麦格拉思（Joe McGrath）指出，所有的研究设计都有优势，同时也都有致命的缺陷。这是因为不同设计沿着的三个维度——如图 6-1 所描述的测量的精确度、普遍度和背景的真实度——是设计介入度和背景依赖度的函数。介入性是指设计需要研究者的直接参与和对人工背景的行为操纵以及对研究者行为的反应程度。背景依赖度是指设计在何种程度上试图解释那些无论在何种背景下都能普遍观察到的行为，或在特定背景下的特定行为。为了最大限度地提高研究的测量精确度、普遍度和／或背景真实度这三者中的其中之一，就必须降低对其他维度的要求。一个设计充其量可以在两个方面很强，而在第三个方面则很弱。这就是为什么麦格拉思认为所有的设计都有致命的缺陷。

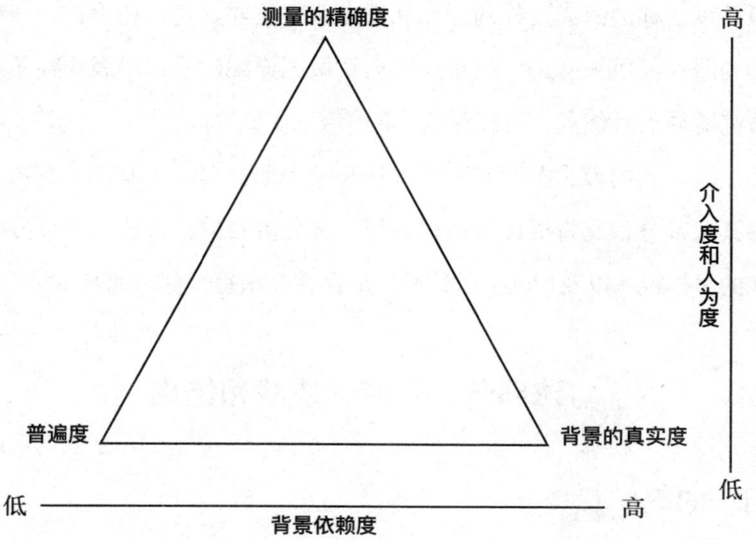

图6-1　三角困境

因此，实验室实验——测量的准确度很高但背景真实度很低——是介入性最强但背景真实度最低的。参与者知道他们正在被研究，研究者人为地创造了这种情境，而且结果可能相当依赖背景，不能推广到其他群体或田野环境。使用二手数据的档案研究是介入度最弱的，因为研究对象不知道他们正在被研究，因此有很好的或非常好的背景真实度。然而，这也可能使它们更依赖于背景，限制了它们的普遍性，因为所使用的测量方法可能是粗糙的或被干扰的，测量的精确度较低。随机抽样的人口调查具有高普遍度，却是介入的和人为的，而且与实验相比，对受访者的经验和反应条件的控制有限。在描述你的方法和解释从研究结果中得出结论时，认识并承认你的研究设计的优点和缺点非常重要。它们还为讨论研究的局限性提供了基础，我将在第七章做更详细的介绍。表明你了解研究的弱点及优点，可以提高你的信度。

前面的内容为撰写研究的方法和结果部分奠定了基础。在本章的其余部分，我将更详细地讨论每一部分的目的，描述每个部分带来的写作挑战以及如何克服这些挑战，并介绍每个部分的基本结构。

方法部分：目的、挑战和结构

目　的

方法部分是上升动作的结束，在这部分你完成了故事打结。本节有三个主要目的。第一个目的是描述。如果你还没有描述你的研究背景，就进行描述。你还要描述你是如何创建样本和进行测量的。如果进行了实验或调查，你要描述你是如何设计和进行的。最后，你要描述你是如何分析你的数据的。这些描述应该包括足够多的细节，以便读者在需要时可以复制你的研究。因此，方法部分就像一个好的食谱，它不仅列出了成分，还描述了每种成分的数量、搭配顺序以及用于搭配和烹调的技术。

方法部分的第二个目的是解释。你要解释你在创建样本和测量时所做的选择，以及为什么它们是适当的。你也要解释你是如何应对遇到的不同挑战，如数据缺失或由于参与者退出或公司被收购而导致的样本流失。你还要说明是如何解决影响解释结果的问题的，比如共线性和内生性。

然而，仅仅描述你所做的事情和解释你为什么这么做是不够的，你还需要证明你的选择是适当的。解释和论证你的行动和决定是方法部分的核心说服力。证明包括提供支持解释的证据，例如，指出你考虑过的替代测量以及你为什么放弃它们，或者提供证据证明你为解决内生性问题所采取的步骤是有效的。没有说明理由的解释叫作断言，有合理理由的解释是有说服力的论证。

撰写方法部分的挑战

《美国管理学会学报》编辑张燕（Anthea Zhang）和贾森·肖（Jason Shaw）写了一个“编辑寄语”专栏（Zhang & Shaw, 2012），介绍了有效的方法和结果部分。在该专栏中，他们指出了必要的三个 C：完整性（Completeness）、清晰度（Clarity）和可信度（Credibility）。我使用他们的三个 C 来强调每个部分的写作挑战。

完整性。完整性要求你把自己放在读者的位置上（Johanson, 2007），并考虑到他们需要知道的所有事情。在完整性方面，作者通常面临的最大挑战是猜测、动态和节奏、句肥以及藏头。完整性需要提供足够的细节，说明你做了什么、怎么做、为什么做，读者可以评估你对研究所面临的不同效度威胁的反应。读者也需要足够的细节来复制你的研究或在其他研究中采用你的方法和测量。同时，你也不可能描述每一个转折或你在收集、编码和分析数据时必须做出的数百个决定。由于你已经和你的研究太熟悉，你可能很难辨别信息是太少还是太多。

如果你提供的信息太少，读者就需要靠猜测来捕捉基本信息，让文章的动态和节奏匆匆忙忙。例如，如果你说“我们的指数是由六个测量组成，包括财务杠杆和几个使用各种资产负债表项目的强度测量”，读者就有可能不能复制你的测量。相反，如果你提供了太多的细节，比如说详细描述了十个不同的潜在的强度测量，并逐一解释你使用或不使用每一种测量的原因，那么当读者在冗长的句子和被埋没线索的泥潭中艰难行走时，你的研究就没有了流畅性。正如我将在第九章中所讨论的，这正是友好的审稿人可以帮忙的地方。他们会告诉你何时需要更多的信息或更少的信息。没有密切参与数据收集和分析的合著者也可以帮助你了解何时需要更多或更少的细节。

清晰度。你的描述可能很完整，但读者仍然不知道你做了什么。虽然清晰的写作总是很重要，但正如第三章所讨论的那样，我此处指的是对那些可能不是技术专家的读者有同理心。他们需要可理解的、完整的和技术上正确的信息。事实上，技术上越是复杂的测量或技术，用非技术性的语言将其解释清楚就越发重要。对清晰度的最大挑战是浮夸的文风，只采用专业术语和把公式当作不言而喻的东西是浮夸文章的两个例子。如果你提供一个公式，请确保用文字定义其中的每个术语，并解释其中的关系。如果有更容易理解的标签的话，最好用最少的专业术语。例如，如果你在做网络分析，把两个行动者之间的联系称为关联，而不是数学家没由来地更愿意使用的“边”。

提高方法部分清晰度的其他方法是使用简单的句子结构，既要展示，也要讲述，并运用节奏感来增加优势。把句子分成更短的句子，使人更容易了解你所采取的步骤。在描述了一个复杂和／或抽象的技术或方法后提供一个例子来说明它。简表和图形也是展示和讲述的有用方法。在描述每个变量时，使用相同的组织结构来创造一种节奏，使描述更容易被理解。例如，对于每个测量，你可以命名变量，定义你如何操作化它，然后提供任何需要的额外细节来补充说明该变量是如何构建的，并论证为什么它比其他的替代方案更好。

可信度。读者最终必须相信你所做的他们没看到的所有事情。可信度的最大挑战是猜测以及未能做到既展示又讲述。如果你遗漏了关键信息，没有说明你知道自己在做什么，读者就更有可能质疑你做了但没有讨论的所有其他假设和选择是否正确。建立可信度的一个方法是展示你对所采用的过程的充分了解。这并不意味着炫耀或使用大量的专业术语，相反，它意味着通过提供例子并清楚地引导你的读者了解它们。这就是细节的重要性。解释一下你是从哪里获得的数据以及你是如何收集和编码的。提供你的量表项目，如果你从另一个量表中改编了一个测量项目，请解释为什么需要改编，并在附录中提供这些项目，同时提供相关的统计数据证明该量表仍然有效和可靠。解释你的选择并证明你考虑过其他方法，也有助于建立你的可信度，因为它们表明你不是在挑剔结果，或采用一种技术来提供你所预测的结果。像审稿人一样阅读你的论文，预测读者可能提出的问题，并前瞻性地解决这些问题，也有助于提高你的可信度。最后，表明你认识到了三角困境。避免使用与你的设计优势不一致的语言，并将你的观点限制在你的研究方法可以支持的范围内，让读者更相信你了解你的研究的优势和劣势。

方法部分的结构

背景和样本选择。如果你还没有在文章的其他地方描述过研究背景，那么你首先应该做这件事。如果你已经描述过，你可能需要提供更多的细节，或者至少需要重述背景和时间段（例如，2005 年至 2015 年期间，标普 500 指数中包括的所有公司）。如果你专注于一个或多个特定行业，解释其中的原因。如果你要创建一个匹配的样本，解释其中的原因，描述并证明你的匹配标准，并提供描述性统计或其他数据，表明它们是良好匹配的。如果你正在进行一个实验室实验，就需要描述参与者，包括相关的人口统计学细分情况。

在描述了你所研究的对象之后，下一个任务是让读者了解你是如何得出你的最终样本的。你基本上要创建一个漏斗，引导读者从最初考虑的群体到最终的样本大小和观察结构。从最高层开始，确定你所考虑的参与者的数量，然后解释任何减少样本数量的原因，以及在这一过程中因每一个原因而失去了多少样本参与者。一旦确定了参与者的最终样本，那么就可以根据你的观察结构确定样本中的观察总数。例如，在查特吉和汉姆布瑞克对自恋型首席执行官的研究中，他们解释：

> 我们首先找出了高管报酬资料库（Execucomp）中上市的所有软件和硬件公司，其中包括1992年至2004年期间大约1500家最大的美国上市公司……我们确定了这一时间段内每家公司年度首席执行官，然后设置了两个筛选条件；首先，我们只考虑那些1991年或之后开始任职的首席执行官（我们指定为t年）。第二，我们只纳入那些在研究期内有四年及以上任期的首席执行官。这两个筛选条件产生了105家具体公司的111位首席执行官……我们的因变量在首席执行官任期内的每一年（t+n，其中n>2）均被测量，总共产生了352个公司年，用于检验自恋的影响。

由于减员，你可能还想提供描述性统计，证明最终的样本反映了它所来自的更大群体的情况。你也可以通过比较你排除的参与者和你的样本中的参与者来消除偏差，并表明他们在相关维度上是相似的。

因变量。提高方法部分清晰度的方法之一是使用一致的排序结构。变量通常按照它们在方程中的出现顺序来表述。因此，除了极少数例外情况，你应该首先描述你的因变量（即使它们不是主角），接下来是用来检验假设的自变量，最后是控制变量（龙套）。如果你有多个因变量，请按照它们在你的假设中出现的相同顺序列出它们。你也可以通过使用斜体、加粗或其他方法来突出显示变量的名称，以提高清晰度。不要让你的读者去寻找它们。界定测量标准，然后提供额外的细节解释你是如何构建测量的。

例如，如果你必须对原始数据进行转换或处理以生成最终的测量（例如，将多个指标标准化并合并为一个指标，或在一个测量中加入一个衰减函数使事件随时间的推移而累积），向读者介绍这些步骤以便他们了解你的做法，并提供一个例子让他们在自己的研究中也能做同样的事情。如果你使用的是一个量表或指数，请描述项目和维度，并提供相关的统计数字以证明其建构效度和可靠性。如果这是一个新的测量方法，读者将需要更多的信息来确认该测量方法的可靠性和建构效度。在附录中包括实际的项目也是很有帮助的。如果你使用的是别人开发的测量方法，请确保它的来源并解释为什么它是一个好的测量方法。如果你的测量是由评分员手工编码的，请描述该程序（包括对评分员的基本描述），解释你是如何保证其可靠性的，并提供相关统计数字。如果你也尝试了其他流行的测量方法，你可以在脚注中注明结果，或者在结果的稳健性检验部分加以讨论。如果你能预见读者的问题，在他们的问题最可能出现的时候提供答案，或者至少提醒答案即将出现，你就能提高可信度。

自变量。为你的自变量排序的最有效方法是从主角开始，然后列出辅助变量，按照它们在假设中首次出现的顺序排列。所有我在上面描述的介绍因变量的其他方面也适用于介绍自变量。

控制变量。按照控制变量将在表格中出现的顺序将其列出。如果你控制的是不同种类的问题，可以分组进行，按照主题来组织它们（例如，行业层面、公司层面、治理特征、五大人格特征的控制等）。评分员对纳入不必要的控制变量的风险越来越敏感（Atinc, Simmering & Kroll, 2012），因此，对于每个控制变量，清楚地描述该测量并解释你为什么需要控制它，最好有一个支持性的参考资料。“因为如果我不将它包括进去，我所有的好结果都会消失”不是一个可以接受的理由。

分析方法。方法部分的最后通常描述你的分析方法。清楚地描述你使用的分析方法（例如，多元方差分析、分层线性模型、随机效应回归、负二项式回归等），包括所使用的软件名称和版本以及运行的具体命令（例如，我们使用 STATA 16.0 的 xtreg 命令进行随机效应回归，并通过计算稳健标准误差来控制序列相关）。不同的算法会有不同的假设，而且这些假设可能会在同一软件的不同版本中发生变化，也会在不同的程序中发生变化。提供这些信息使得评估你的研究结果更加容易，并提高你的可信度，因为它表明你采取了适当的措施。

除了确定所使用的统计工具外，还要确定出适合分析你的数据的假设。这就加强了三个 C 和统计结论效度。如果你对一种分析方法的分布、链接函数等有特别的选择，解释你的选择并说明为什么它们是合适的。如果是通过检验（如 Hausman 检验、Hansen's J 检验等）确定正确的方法，请说明检验结果是什么，以帮助证明你的选择合理。最后，如果你使用了多种分析方法来检验不同的假设，描述所有这些方法。如果你还考虑了其他方法，而且描述的内容较多，你可以在脚注中或者在稳健性检验部分，或者在附录中介绍这些方法。如果你要在稳健性检验部分讨论替代方法，在这里预示一下，让读者知道它将要到来。

结果部分：目的、挑战和结构

目　的

结果部分是发生下降动作的地方，你解开了你在前面的章节中打的结。结果部分描述了假设检验的结果，以及你的假设是否得到了支持；解释了你的研究结果的效应大小和实际的重要性；探讨了意外发现背后的潜在原因，这可能会在讨论部分带来新的理论见解；确认你的研究结果对各种效度威胁的稳健性；考虑了使用事后分析的其他各种问题。

撰写结果部分的挑战

完整性。就像你需要把自己放在读者的位置上，以便提供他们评估你的方法所需的所有信息一样，你也必须提供读者用来评估你的结果的真实性并理解其含义所需的所有信息。因此，主要的挑战还是猜测、讲述和展示以及动态和节奏。

读者会希望迅速排除最常规的问题，所以你要提供他们所需的基本分析［例如，方差膨胀因子（VIFs）和排除变量共线性的条件数］和数据（例如，描述性的统计）。在展示描述性统计等数据时，确保你以易于理解和解释的形式呈现它们。你应该至少提供一个表格，其中包括尚未转化的测量数据的平均数和标准差（例如，如果你将总资产转化为自然对数，就使用总资产）以及每项测量之间的相关性。这使你的数据看起来更容易理解。

你也可以提供其他有趣的有助于深入了解你的背景的描述性统计数字。例如，我的“权力和政治在高管期权重新定价中的作用”（Pollock et al., 2002）研究中提供了描述性的统计数字，表明当首席执行官的股票期权被重新定价时（他们的“行权”价格被降低，使他们更容易通过期权赚钱），市场价格并没有下跌（为首席执行官们的期权重新定价的主要理由），即使没有重新定价，绝大多数首席执行官在年底时仍会“赚钱”。这有助于排除对大多数重新定价的既定解释。

除了提供诊断信息外，确保你清楚地检验所有的假设，并说明这些假设是否得到支持、部分支持或不支持。这似乎是最基本的，但你会惊讶地发现，往往很难分辨出哪个假设被检验了，以及结果是什么。提供表格表明你所有的主要结果，并绘制所有重要的交互作用图。你不能仅仅通过评估系数的方向和显著性来检验交互作用假设。另一个好习惯是在讨论假设时，将每个假设关系的系数和准确的 P 值（例如，β=.78，P=.012）写在论文的正文中。这样，读者就不必停下来，翻开你的表格试图找到结果，扰乱了读者的注意力和结果部分的节奏。

清晰度。这一部分是你解开结的地方，所以有必要帮助读者跟上你的研究结果。尽管研究结果模式可能变得复杂，特别是如果你有很多假设和/或每个假设有多个支持程度不一的检验。此外，读者已经有一段时间没有接触到假设 1 了，他们可能已经不记得假设 1 到底是什么了。所以，妨碍文章清晰的最大因素是句子和段落的节奏感、精简度以及没有做到既展示又讲述。

提高研究结果清晰度的方法之一是考虑这一部分的节奏，并在陈述结果时使用重复的结构。对于每一个假设检验，在段落开始时都要重述该假设（例如，“假设 1 认为……”），这样读者就会想起它是什么。然后明确指出哪个表格和表格中的哪个或多个模型检验了该假设（例如，“表 3 中的模型 2 检验了这个假设”）。接下来，描述检验结果（如我上面所说，包括系数值和 P 值[1]）。如果不同的模型设定提供了不同的结果，请明确指出这一点并说出其含义。（例如，“虽然在模型 3 中网络规模的调节作用是正的，而且在 p=0.012 的情

1 一些期刊还要求提供置信区间，请确保你了解并遵循该期刊的报告规范。

况下是显著的，但当饱和模型 7 中包括所有的交互作用时，它只在 p=0.07 时显著”。）如果你决定讨论你所做的不同稳健性检验或其他检验，请说明你做了什么，发现了什么。你还应该提供效应大小的例子，或者自变量对因变量的实际效应。例如，在我们的“多少声望才够？评估多种类型的高地位公司对年轻公司的价值”（Pollock, Chen, Jackson & Hambrick, 2010）研究中，我和我的同事们用回归模型来估计新上市的公司的市场估值会随着每一种类型的高地位的关联成员（高管、董事、风险资本家和承销商）的增加而增加多少。

最后，请确保你清楚地说明这些结果是支持、部分支持还是不支持假设。对每个假设采用相同的结构。如果研究结果很复杂和 / 或事后检验发现了一些额外的问题，如具体的边界条件，你可以在结果部分末尾加入一个表格来总结你的假设和结果，以提高清晰度。

你也可以通过按顺序讨论你的假设提高清晰度。唯一例外的情况就是，如果按顺序检验假设需要读者在不同的表格之间来回穿梭。在这种情况下，你可能想先讨论一个表格中检验的所有假设，然后转到下一个表格。当然，你也应该考虑在制定假设时将其重新排序是否更有意义，这样就不会成为一个问题。

此外，你如何在表格中组织和显示你的发现会影响到清晰度。当你在方法部分以相同的顺序列出所有的自变量时，清晰度是最高的，在不同的表格中保持相同的顺序，并对其做清楚、一致的标注。不要在数据库中使用它们的缩写，把它们直接拼写出来，这样读者就不必猜测。你的第一个模型中只包括控制变量，再在第二个模型中加入所有的自变量，然后是检验交互效应的其他模型，等等。这使你更容易跟踪你的结果。你可以把所有假设检验的结果放在你的控制变量之上或之下。我更喜欢放在下面，因为我认为这更容易理解，但感觉不同。最后，请确保你已经用好的描述性名称清楚地标注了你的表格，注意你在表格底部用什么符号来表示不同的显著性水平，如果你在同一张表中有不同的因变量，要清楚地标明列。如果你的样本量在不同的模型中有所变化，也请你确保列出每个模型的所有样本数。

可信度。读者也必须相信你所做的一切是正确的，而且你已经考虑并排除了其他的解释。除非你告诉他们你解决了这些问题，并向他们展示你做了什么，否则他们无法相信你。不要只考虑系数的正 / 负符号和 P 值。通过计算效应大小和展示你的结果的实际意义，向他们表明你了解结果的真正含义。找到一些方法将概率和百分比转换为有意义的数字，并对其进行解释，使你的读者理解它们意味着什么。即使是一个小的效应量也会有很大的影响。（Cortina & Landis, 2009）你还可以通过致力于解释结果的最佳实践来证明你的可信度。例如，绘制所有重要的交互作用图并检验其斜率是否显著。在检验交互作用假设时，要把自己的论点建立在图表——而不仅仅是表中的系数——支持的假设之上。评估斜率是否显著，不要只是根据图形的外观来猜测。此外，确定曲线关系的拐点和相互作用的交叉点，并评估它们是否在数据的可行范围内。

如果你进行并报告了稳健性检验，解释了这些检验是如何排除其他解释和效度威胁，读者也会对你的能力更有信心。这可能会涉及使用不同的测量和分析办法，评估内生性，分解指数或进行其他比较，以证明一个指数成分并没有推翻所有结果。更多的期刊开始使用补充性的在线文件来进行这类分析。即使你把实际的模型放在了在线文件中，也要确保你在论文中讨论这些结果。你的结果也可能会产生意想不到的发现，或者提示你可以探索其他有趣的问题。在事后分析部分解决这些问题，表明你不是进行了 HARKing（在知道结果后进行假设）。（Hollenbeck & Wright, 2017）

结果部分的结构

描述性统计。第一小节主要介绍和讨论了描述性统计。它由一到两个段落组成，介绍描述性统计表，强调统计结果中任何不寻常的地方，并解释如何理解读者可能误解的数值。如果你在方法部分没有做的话，这也是你评论相关关系和报告共线性检验结果的地方，以及你决定提供的任何其他描述性统计量。不过，尽量保持简洁，因为你只是在延后假设检验的开始。

假设检验。在这一节中，你要提供主要结果和每个假设的结论。尽量使用较简单的句子结构，正如我在"清晰度"一节中所讨论的那样，按顺序介绍每个假设，重新说明假设，转述相关结果，并说明它是否以及在多大程度上得到了支持。你可以在这里做一些额外的稳健性检验或其他检验，但如果这些检验比较冗长而且会扰乱你的动态和节奏的话，最好把它们留到下一节。

稳健性检验。在面对不同的效度威胁或替代性解释时，你经常需要确定你的研究结果的稳健性。如果讨论很简短（例如，"我们重新进行了分析，将公司规模操作化为销售额和雇员总数而不是资产总额，结果没有变化”)，可以与假设检验的讨论混在一起，或者放在方法或假设检验部分的脚注中。然而，如果一两句话说不清楚或者有几个问题需要解决，一般来说，最好放在假设检验之后的单独的稳健性检验部分。这可以让你以一种更系统的方式来处理它们，避免拖累其他部分的进程。这一节通常是按威胁来组织的，说明问题是什么，为什么它是一个潜在的问题，你做了哪些检验来解决这个问题，结果是什么，以及对解释你的发现的意义是什么。他们建议把任何理论意义或局限性的评估留待讨论部分进行。

事后分析。事后分析与稳健性检验不同，评估的是结果的真实性。这一部分是你进一步探索意外和无发现的地方，或者考虑你没有假设过但有趣和值得探索的关系。它们通常是从主体分析中出现的，或来自审稿人的意见和要求。对于每项事后分析，你要清楚地解释分析其原因、你做了什么以及你发现了什么。根据问题的不同，你可能需要提供与假设检验类似的细节。根据本节的广泛性和你的发现，可以包括或不包括结果表。同样，这些分析也可以作为在线补充的候选内容。你可以在讨论部分预示这些分析揭示的任何相关的理论意义，但不要在这里对其理论意义进行详细评估。

尽管方法和结果部分要比引言、理论和假设部分更具描述性，但通过尽可能完整、清晰和可信地解释和证明你的选择，他们仍然在说服读者相信你的实证分析确实回答了你为自己设定的研究问题方面起着关键作用。到结果的结尾部分，这个结应该已经解开了，而且应该为讨论部分的结局做好准备。

第七章 结局：讨论部分

Discussion section

玛尔塔·格莱特卡尼奇（Marta Geletkanycz）和本·泰珀（Ben Tepper）在《美国管理学会学报》讨论部分的“编辑寄语”专栏的开场白中使用了一个聪明的悬念：

事后思考（名词）：

1. 事后的反思

2. 次要或权宜之计的东西

3. 非原意的行为或想法

当作者开始构思讨论部分时，已经走过了一段漫长的、有时是艰辛的旅程。研究设计和执行通常是良好的，而提交发表评议的前景也很乐观。因此，许多作者把讨论部分视为最后一个必须尽快克服的障碍以免延误稿件过渡到“正在审查”状态，而对讨论部分敷衍了事并不奇怪。仅进行技术性讨论（按照事后思考中的定义 2 和定义 3），而不是以论坛形式深入地探讨其作品的意义（定义 1），令作者失去了许多宝贵的机会。

我真的很喜欢这个开场白，因为它简洁地抓住了讨论部分所面临的挑战。

作者经常把讨论部分搞砸，对它敷衍了事或把它当作“次要或权宜之计”，有两个原因：首先，作者在撰写讨论部分时，往往已经筋疲力尽，并且厌倦了写作。在收集和分析了数据，起草了论文的其他部分，并对结果有了很好的把握之后，才能真正写出讨论。但那时你只想清空自己的思想，去做其他事情。第二，故事很难很好地结束，许多作者不知道该说什么。你已经花了很多时间来设计你的理论，谈论你的预期，并讨论你的结果以及你是如何折腾数据以确保你的发现是强壮的。现在，你被要求全部再做一遍。这就是为什么许多讨论部分最后往往是对结果的重述，半心半意地呼吁对该主题的未来研究。综上所述，这些原因使得讨论部分成为一篇论文中最难写好的部分。

然而，如果你能振作起来，深入挖掘，并做出努力，一个好的讨论部分也可以成为你最有见地的理论贡献的来源。因为你现在有了可以利用的结果，你可以安排它们，结合你对意外结果和事后分析的意义的思考，回到更广泛的对话中。在本章中，我解释了讨论部分的目的，提供了一个如何处理和充分利用讨论部分的剧本，并为如何有效地组织讨论部分提供了一些指导。我将在第八章讨论定性文章和理论文章的区别。

目的：宣告一段旅程的结束

讨论部分是你的故事的结局——在这部分，你对作品下降过程中发生的事情做出解释，并为你的故事画上句号。你的主角（或多个角色）——英雄或主人公——到了一个不同于起点的地方。主角的故事并没有结束，但他们的这一段旅程已经结束。如果在此刻的同一段旅程中你还有多个主角，你可能会发现，道路现在出现了分岔，他们将分别踏上不同的旅程。因此，格莱特卡尼奇和泰珀指出，讨论部分既是一个结束，也是一个新的开始。因此，它实现了多种目的。

首先，讨论部分是**提醒**读者你的研究问题是什么，并通过总结你在结果部分的发现来**回答**这个问题的地方。在这部分，你要把你的发现**放在**你在引言、理论和假设中构建的更广泛的对话背景中，并描述对话如何因你的发现而改变。讨论部分也是你**推测**一些意外的发现（不显著的关系和相反方向的关系）以创造新的理论见解和未来的调查方向的地方。还是你**确定**理论和发现的实际意义，**承认**研究的局限性以及它们对未来研究的影响，最后**总结**故事的地方。因此，一个强有力的讨论部分确实是行为之后的反思。然而，薄弱的讨论部分都有几个共同的缺陷。

四种典型缺陷：
重述结果、漫无边际、过度讨论、肤浅的解释

格莱特卡尼奇和泰珀指出了三个常见的讨论部分的缺陷；（1）重述结果；（2）漫无边际；（3）过度讨论。在这个列表中我增加了第四个：肤浅的解释。

重述结果。在薄弱的讨论部分，最常见的缺陷是再二再三地重

复研究的结果，而不是从这些结果引出意义，将它们与更广泛的理论贡献联系起来，或确定其实际意义。如上所述，提醒读者你的研究问题是什么并通过总结结果来回答问题是很重要的，但这不应该是你在讨论部分所做的全部工作。

漫无边际。漫无边际的讨论通常是肤浅的，但方式有所不同。这种讨论不是简单地重复他们先前的观点，而是到处延伸，只有一两句话谈及主题，并介绍到目前为止还没有在文章中出现过的理论。它们试图走得更远，却没有深入任何一个话题以提供真正的见解。因此，它们没有重点，没有让读者以一个令人满意的解决感结束。

过度讨论。有些讨论过于夸张，声称它们对文献的贡献远远超过了数据和发现所能支持的程度。当作者试图显示他们的研究具有广泛的意义，或者本可以更加集中却有太多华而不实和虚张声势时，过度讨论会与漫无边际相伴而行。过度讨论往往发生在作者完成研究后，这时作者也许收到了一些友好的评论，却从中发现他们的“发现”其实并不那么新颖或有趣。为了挽救他们的研究，或者为了回应关于“显而易见”或“这里有什么新东西”的评论，他们狂热地试图使他们的研究看起来更加新颖和“重要”。

肤浅的解释。主要在重复结果的讨论确实经常半心半意地试图从研究结果中得到一些启示，但它们往往是肤浅的，而不是引人反思的。作者通常不会超越重述其假设发展中的一般理论观点，未能将这些观点与他们在引言中确定的更广泛的对话中的不足联系起来，而且他们没有讨论无发现和意外发现对推动对话的意义。

那么，一个好的讨论部分是怎么做的呢？它阐明了研究对你所参与的对话的理论贡献。如果有的话，它还讨论了其他方法上的贡献，以及它的实际意义。同时，它表明你认识到了你的研究的局限性，以及研究结果和这些局限性所揭示的未来研究方向。最后，它为你的故事画上了一个完美的句号。

理论贡献：兑现引言中的承诺

回到起点。我从那些为讨论部分的理论意义而苦恼的人那里听到的一个感叹是：除了总结结果，他们不知道该写点什么。一个答案是回到开头——特别是引言。讨论部分应该与引言相对应，并回答“我们知道什么，不知道什么，然后怎么样”和“我们将学到什么”的问题。你可能已经有一段时间没有读过你的引言了，所以重读一下，温习一下你在引言向读者承诺了什么，让读者有足够的兴趣走到这一步。现在是你兑现承诺的时候了。

引言确定了你的研究要做出的几项贡献。你可以以此来组织讨论中的理论意义小节。这样，你就可以确保它们相对应。很多时候讨论中的理论贡献，特别是漫无边际的讨论中的理论贡献，与引言中的贡献并不一致。如果讨论中的理论贡献比引言中的多，要么你需要修改引言，要么放弃讨论中的不相关的贡献；如果讨论的理论贡献比引言中的少，要么你需要在引言中增加贡献，要么把它们从引言中删除。你可以把这些贡献与前面确定的对话联系起来，用你提出问题的方式来谈论它们——显示你的结果如何解决不完全性、不充分性或不可对比性的问题，以及你是如何转变或创造共识的。

记住学者们的工作。方法和结果部分介绍了是什么、何时及何地。讨论部分应该让读者回到理论和假设部分的主要焦点：**为什么**。也就是如何避免只是重述结果。不过，你也不想通过简单地重复你的假设来提供肤浅的解释。虽然你需要重新审视得到支持的假设的理论观点，并简要地总结一下以提醒读者你的新理论是什么，但你也需要将它们与你所确定的对话联系起来，并说明它们是如何改变或推进对话的。在这个对话中，可能还有其他的关于发现的解释，你必须加以处理。如果你已经从经验上或逻辑上排除了一些解释，请提醒读者注意。解决你能够解决的替代解释，对于你不能解决的，讨论它们对未来研究的影响。

你还需要讨论那些没有得到支持的假设。如果结果不显著，请推测其原因。这些原因可能是理论上的，也可能是你的测量或背景的经验特征。即使是经验性的解释也可以为现象的理论化创造边界条件，例如，你研究的时间段可能有以下特点（例如，社会规范、经济衰退，或像萨班斯-奥克斯利这样的监管行动）或文化背景（例如，美国的样本或中国的样本），它影响了你所研究的关系或机制。你还应该讨论你的意外发现、你认为它们发生的原因，以及它们对理论和未来研究的影响。你的事后分析可能也产生了一些潜在的新颖理论见解，请猜测一下这些见解以及它们对未来的理论对话的影响。在所有这些情况下，将讨论从你的具体研究结果上升到一个抽象的层面——探讨它们如何适用于除你自己的背景之外的其他背景，和／或你的背景可能给理论化带来哪些边界条件。最后，使用例子并解释结果中的效应大小，向读者展示你的结果意味着什么，而不只是告诉他们。

其他贡献和影响：表明研究的重要性

方法上的贡献。除了理论上的贡献外，你的研究还可能做出其他贡献。例如，你可能创造了一种新的测量，开发了一种新的方法，或者采用了一种在其他领域中应用而在你的领域中尚未应用过的方法。如果你在方法上取得了进步，请强调它。回顾过去的测量或方法的局限性，包括它们如何导致了不恰当的理论结论；指出你的方法如何解决这些局限性，并讨论其对未来研究的影响，以及如何应用你的方法或测量。

实际影响。即使你没有在方法论上做出贡献，你的研究也应该对实践或公共政策有一些影响。确定你的研究的实际意义，表明其相关性和重要性。大多数商业学科，尤其是管理学类期刊，都希望你在讨论中更多关注研究的实际意义。然而，《美国管理学会学报》编辑拉兹洛·蒂豪尼（Lazlo Tihanyi）指出，“在最近的许多文章中，这一部分往往以一个简短的段落用更实用的语言重复所需的理论意义。此外，实际意义往往是满足短期获利动机，而不是对更广泛的社会长期利益的社会责任管理实践”。一个有用的介绍实际意义的部分，可以采用戴维斯的有趣指数，只是将其应用于非学术的兴趣。那些某种程度上不明显的或反直觉的意义可能是特别有趣的。考虑你的研究对管理人员如何开展工作的影响，并考虑其对其他利益相关者的影响（例如，客户、投资者、政府），以及你的研究结果对他们意味着什么。正如蒂豪尼所倡导的，这可以帮助你确定长期的影响和利益，这些影响和利益是重要的，也是有趣的。

例如，在第四章和第五章中讨论的约翰逊及其同事的残酷竞争研究，包括一个关于实际影响的广泛章节，其中描述了几种情况以及奖励结构的不同变化的影响。他们还将讨论与先前的一个例子联系起来，即联邦机构之间的情报共享和改变根深蒂固的奖励结构的挑战，说明了他们研究的重要性和趣味性，以及他们的发现可能带来的生死攸关的后果。

局限性和未来研究：承认研究的不足处

局限性。正如我在第六章中所讨论的，所有的研究都有弱点，当你承认并表明你尽可能地试图解决这些问题时，你的可信度就会提高。讨论部分是一个做这项工作的有用的地方。理想情况下，你可以承认它们，但同时也要证明它们不是你研究中的一个大问题。你能提供的任何经验性证据都要比纯粹的逻辑和论证好些。如果你在“方法”或“结果”一节中提到了这个问题，请提醒读者你做了什么。如果你能做一些以前没有报告过的事情，现在是时候提及它了。如果没有什么实证研究可以做的，那么可以提出一个合乎逻辑的论据，说明为什么这个问题在你的文章中不是一个问题，这比什么都不做要好。但不要过度防卫。如果它是一个你无法解决的问题，那么就承认它，探讨它对解释你的研究结果的影响，并表明未来的研究可以解决这个问题。例如，约翰逊及其同事根据他们的样本特点和实验设计，确定了他们所做研究的五个明确的局限性——使用本科生作为参与者，任务的普遍性，只使用两个时间段和特定团队，仅在西方文化中进行研究，以及采用可能会影响激烈竞争可能性的任务。

未来的研究。你在讨论部分还应该强调研究建议的未来研究方向。这些建议可能直接来自你的贡献、你的局限性，或来自你的更普遍的研究背景、方法或其他方面。识别未来的研究方向是有用的，因为它们强调了你打算在自己的研究中做出额外贡献的途径，或者对同一主题感兴趣的其他人可以继续研究。然而，请确保你对未来研究的建议不仅仅是表明“这是一个审稿人提出的问题，我们不想／不能这样做，所以我们说别人应该这样做”。展示受到你所做研究启发的可行的未来研究方向，使你的贡献更加明确。

结论：在一个更高的层面上结束故事

最后，你需要在结尾处加入至少一个简短的段落，为你的故事画上句号。尽量避免只是重述结果或呼吁进行未来的研究。这些是最常见的结论（而且我自己也写过很多这样的结论），但它们并不令人满意。就像琳达·约翰松建议的那样（正如我在第一章中提到的），请回到你的引言，在一个更高的层面上结束你的故事。与你的研究问题相联系，并表明对话现在处于一个与开始时不同的地方。这一点说起来容易，做起来却很难。侯赛因·莱布莱比吉和他的同事提供了一个很好的例子，说明一个好的结论是什么样子的：

> 这些猜想让我们回到了我们提出的关于制度如何变化的问题上，并在广播中提供了一些初步的答案。新出现的外围实体在产生新的实践方面发挥了作用；随后，老牌企业采用和合法化了其创新成果，这就产生了新的交易模式。而且，这些领域的新组织通过削弱以前的核心资源相关性将新的惯例转化为制度化的实践。然而，一旦制度化，新制度就会产生新的竞争压力，以寻求其范围之外的替代方案。广播业惯例、组织和制度化实践的转变周期表明体制变革是内生力量的产物，与该领域本身的历史演变有关。尽管制度是实践意识的产物，但它们产生了意想不到的后果，它定义了结局，塑造了决定和追求未来经济与政治利益的手段，这就是所有制度实践的双重性。

虽然他们回顾了他们的一些发现，但略有不同的是，他们回溯了他们的研究问题，并回答了他们关于制度变化的更普遍的问题。从"转变周期……"这句话开始，莱布莱比吉和他的同事完全按照约翰松的建议，在一个更高的层面上结束他们的故事。最后一句话，"这是所有制度实践的双重性"是一个奇妙的声明性陈述，将他们的研究之旅带入了一个令人满意的结局。

结构：传统与独特相结合

前面罗列了讨论的主要部分：复盘研究的目的、研究问题和结果；理论意义；方法论（如果有的话）的贡献和实际意义；局限性和未来研究方向以及结论。许多研究的讨论部分都遵循这种结构。然而，尽管在几乎所有情况下，讨论的开场白是对研究目的和研究问题的回顾，或者至少是对主要研究结果的简要总结，但是其他小节的内容可以用不同的方式组合。

例如，在第二章和第三章中提到的，在我们关于声誉和地位的协同演变的研究中（Pollock et al., 2015），我们只对我们的研究结果做了一个非常简短的总结，将每个主要的研究结果的具体回顾与它们的理论和实践交织在一起。在每个小节中，我们总结了一组研究结果，然后讨论其更普遍的理论意义，最后以一个实际的例子结束。我们使用了风险投资公司标杆资本的两个例子，首先使用它们的早期经验来说明建立绩效声誉的重要性，而不是一味追求高地位的关系，后来又用它们来说明其与大获成功的大公司（比如轰动一时的首次公开发行上市）的合作随着时间的推移是如何影响它们的声誉和地位的不同轨迹的。为了说明即使地位高的人得到了更多的荣誉，地位低的人仍然可以受益，我们使用了曾经被称为“世界上最愚蠢的风险投资人”的高地风险投资公司（Elevation Partners）的例子，讲述了当他们早期投资的脸书（Facebook）后来被估价为 13 亿美元时他们是如何受益的。我们描述了一些未来的研究方向，并在讨论我们的局限性的同时讨论了我们的研究结果的理论和实践意义。

约翰逊及其同事在他们的讨论部分也采用了某种不同的结构。他们在开始的一节将他们的发现重述与一些理论意义穿插在一起，然后紧跟一个比一般的更长的实际意义的小节。他们把它们的局限性和未来的研究方向分成了不同的小节，然后结束论文之前用一个很长的“结语”部分介绍了更多的理论意义。虽然这种研究结构是非传统的，但它非常有效地强调了他们的研究在理论上和实践上的重要性。

偏离既定模板有风险也有好处。审阅人有一定的期望，但非标准的格式和方法违背了这些期望。这可能会产生负面的反应，即使审阅人不知道到底是什么在困扰着他们。我不能说约翰逊及其同事的讨论是如何形成的，但我们的讨论结构是在评审和修改过程中从最初提交的比较标准的格式演化到最后的形式而来的。就像煮青蛙的老故事一样，通过一点儿一点儿地调高温度，使它不会注意到这种变化，逐步采用独特的结构可能会更容易，因为审稿人开始接受并投入到你的稿件。

这一章结束了我对定量实证文章的主要部分的讨论。然而，这只是我们要写的文章中的一种。虽然引言的作用在不同类型的文章中是一致的，但定性和理论文章的其他部分相比其他类型的文章有很大的不同。我将在第八章中讨论这些差异。

第八章 定性文章、理论文章和书籍章节的差异

What's different about qualitative articles, theory articles and book chapters

我的家人不是世界旅行者。我成长过程中唯一一次离开美国是在我 13 岁的时候去加拿大钓鱼。即使在那时，我们从明尼苏达州的伊利市乘坐浮筒式水上飞机进出湖区时，也没有遇到过一个加拿大人。我成年后的第一次"真正的"国际旅行还是去加拿大，参加在温哥华和多伦多举行的管理学院年会。在那之后的国际旅行是去爱尔兰，我和妻子一起度假。所有这些旅行都是去那些（大部分）以英语为主要语言的地方，所以有一定程度的熟悉感。同时，我不断地注意到大大小小的差异，这些差异提醒我这不是在美国。

如果你的经验主要是写定量的经验性文章，那么试图写一篇定性或理论文章就像到了外国，你可能会说语言，但其他很多东西都是不同的和略显怪异的。如果你的主要经验是关于定性的经验性研究，那么最后四章可能就像在读一本关于一个你没有去过但有一天可能会去的国家的旅游指南。其中一些章节，比如关于引言的第四章是通用的，同样适用于你所写的任何类型的文章。而其他章节，如第六章的方法和结果，可能与你所知道的世界没有什么相似之处。

在这一章中，我将重点讨论有效的定性实证和理论文章与定量实证文章相比有什么不同。我也将会花一点儿时间讨论期刊文章和书籍章节之间的其他区别。我没有给定性文章和理论文章一个单独的章节，因为我认为它们没有定量研究那么重要或比它们“容易”，因此不需要那么多讨论。虽然我的研究主要是定量的，但我已经发表了多篇定性和理论方面的论文，并发现在某些方面定性实证文章和理论文章比定量的文章更难写。我决定把定性文章和理论文章分开讨论，因为我相信虽然这三类文章的写作有许多共同的方面，但也有一些重要的差异，我想强调这些差异。我也希望这一章能给那些不做定量研究的人提供一点儿家的感觉——有点儿像美国人找到了麦当劳或星巴克（我知道，这是对美国文化熟悉程度的一个不幸的评论），否则将感到自己好像处于一个非常陌生的地方。

1. 定性文章与定量文章

归纳性研究与演绎性研究

要了解定性文章的独特之处，你需要首先了解归纳性研究和演绎性研究的差异。我不会在这里进行冗长的哲学论述，但简而言之，演绎性研究使用理论来发展可检验的假设，然后将假设的关系与经验数据（“真实”世界）进行比较，以评估这些假设是否得到经验数据的支持。因此，演绎性研究从一般到具体，是“理论检验”，因为如第五章所述，在分析经验数据和检验假设之前，理论和假设已经基本形成。

与之相反，归纳性研究从有关某一特定现象的经验数据开始，通过分析这些数据来辨别更多的可归纳的推论。学者们从他们研究的具体情况和个体中归纳出更普遍的理论。因此，归纳性研究是“理论建设”，因为在分析数据之前，理论并不存在；相反，它是从数据分析中产生的。

尽管我已经看到了一些归纳性的定量研究［Feldman, Ozcan & Reichstein（2019）and Gulдiken, Mallon, Fainshmidt, Judge & Clark（2019）are recent examples］，但它们是相对罕见的。虽然我听到定性学者声称你可以使用定性数据进行理论检验，但这些说法并没有相关实例。因此，在大多数情况下，定量研究是演绎性理论检验，而定性研究是归纳性理论构建。研究设计如何创造新见解的这些基本差异也影响了定量文章和定性文章的写作方式。为了更具体地说明这些差异，我将使用《评估好莱坞推介会上的创意：创意判断的双重过程模型的证据》这篇文章，由基姆·埃尔斯巴赫（Kim Elsbach）和罗德·克雷默（Rod Kramer）来说明定性文章的独特差异。这项研究赢得了《美国管理学会学报》最佳论文奖，其探讨了专家（好莱坞高管和经纪人）如何使用不同的线索——将他们与不同的创造性和非创造性的原型联系起来——来评估未知编剧的创作潜力。然而，请记住，这只是一个用于说明问题的例子，定性研究可能会因采用的定性方法的不同而有很大的差异。

故事的结构差异

《美国管理学会学报》编辑蒂玛·班萨尔（Tima Bansal）和凯

文·科利（Kevin Corley）写了一个“编辑寄语”专栏，讲述了定性文章和定量文章之间的差异。他们的讨论强调了一些结构上的差异。首先，他们指出，定性论文的前端比较短，因为你没有在前面建立你的理论观点。虽然定量研究在前端确立了研究问题的重要性，将研究置于一个正在进行的对话中，并强调对话所缺少的东西以及它需要改进的地方，但它并没有发展理论观点或假设。相反，它转向了研究背景和采用的方法，随后是一个长长的结果部分，以叙述的形式介绍了数据分析（附带数据表格和数字），然后是讨论。在这部分中，新的理论得到了发展，并与正在进行的对话联系起来，讨论部分也比定量研究长。因此，当使用弗赖塔格金字塔（图8-1）描绘故事结构时，虽然铺垫部分的长度与定量研究中的长度相同，但上升动作部分会更高、更陡，下降动作会更长，因为理论模型是下降动作的结果，而不是打结的一部分。最后的结局也会更长，因为解释一下解开这个结对文献作品的意义，以及主角和配角将要走的新路，需要更多的篇幅。正如我在第二章中所讨论的，定

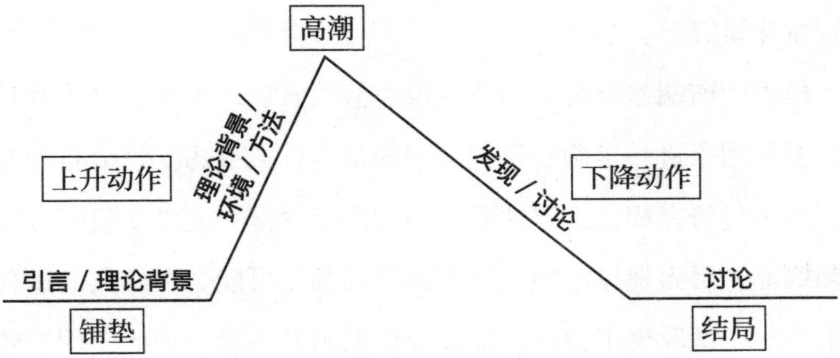

图8-1　定性文章的比例弗赖塔格金字塔

性研究通常比定量研究要长，但是大多数好的期刊都能认识到这一点，当涉及页数限制时会为定性作者提供更多的回旋余地。

埃尔斯巴赫和克雷默的文章反映了这种结构。他们的前端（引言和理论背景）约占论文的15%，方法约占20%，研究结果（包括表格）占50%，而讨论约占15%。这些百分比与我在第二章中给出的定性研究的百分比大致相同。

前端差异

定性研究的引言与定量研究基本相同，因为它们达到了相同的目的。二者的一个显著区别是，定性研究通常还要说明为什么使用定性方法是合适的。定量研究学者则很少需要证明他们为什么要使用量化方法，定性学者更经常需要解释为什么关于这个话题还没有足够的理论，以及为什么定性方法是合适的，或者必须解释为什么他们所研究的内容（例如，很难观察到的过程，或在数月、数年或数十年内发生的过程；由于各种原因而无法量化的决策过程）难以进行量化研究。

最大的前端差异是定性研究没有假设发展。因此，理论背景部分主要是用来进一步确定研究问题的重要性，并为实证分析做好铺垫。与定量研究相比，定性研究的理论背景部分通常在研究过程的后期撰写，因为理论框架，甚至研究问题，可能会在研究的过程中发生变化，这取决于数据收集和分析揭示的内容。因此，用于建立研究的文献也可能会发生变化，本节不是预测结果而是预示着你最终会发现什么。在说多少话和回顾多少文献之间取得平衡可能是一个挑战，但我发现，如果你对文献的回顾过于广泛，那么评阅人就会认为是理论在推动你的分析，而不是反映你的发现。如果你说得太少，而且没有把你的研究及其贡献定位清楚，你的研究就会被认为是“过于宽泛”。而定量研究有更大的自由度，可以更广泛，但其见解更浅，定性研究往往更有针对性，因此范围更窄但更深入。

埃尔斯巴赫和克雷默的引言符合我在第四章中描述的准则。值得注意的是，他们在引言中没有论证他们的定性方法的适当性。相反，他们在理论背景部分批判了创造力文献对实验室研究的严重依赖（他们称之为创造力评估的现有理论和研究），然后在描述他们的研究背景和方法部分的开始，提出了采用定性方法的理由。总的来说，他们把背景部分写得很短很集中。创造力文献很多，但他们只讨论了创造力评估，主要是强调他们的研究所涉及的先前工作的局限性。

方法的差异

与定量方法部分一样，定性方法部分也必须争取达到我在第六章中讨论的三个 C，即完整性、清晰度和可信度（Zhang & Shaw, 2012）。然而，班萨尔和科利指出，定性方法部分与定量方法部分有很大不同。无论是在数据和方法部分还是在专门用于研究背景的单独章节中，定性研究必须提供对研究背景的清晰而详细的描述，这通常超出了定量研究所提供的范围。这样做是很重要的，因为了解背景的细微差别是解释数据和研究结果的关键。

此外，尽管定量和定性研究都有各种不同的方法，但定性研究的方法通常需要更多的解释和论证，因为与定量研究相比，定性研究为学者提供的某种便利的标准化的、被广泛理解的标签和分析工具要少。定性方法部分也揭示了更多关于研究者的个人历程。通常情况下，随着研究的展开，研究问题会发生演变或改变，研究人员寻找其他类型的人物进行访谈，并收集不同的信息。他们收集的数据也与他们最初预期的不同，研究者在整个叙述中占有突出地位——使用大量的第一人称代词，描述他们所经历的所有曲折，以及他们经历曲折的原因。定性方法部分也花了更多时间描述研究者如何分析他们的数据。

要理解为什么这些描述很重要，需要理解定性学者建立可信度的方式。林肯（Lincoln）和古巴（Guba）提出了建立定性研究结果可信度的四个必要标准：（1）可信度；（2）可转移性；（3）可依赖性；（4）可证实性[1]。可信度是基于研究者是否反映了他们遇到的不同观点，并提高了读者认为研究结果准确地代表了数据的可能性。可转移性意味着研究者表明他们并不简单地接受他们所研究的人和环境必然代表总体；相反，他们质疑其他环境与他们的环境有多大的相似性。可依赖性指的是研究结果的一致性，不同的数据来

1 关于这个问题的讨论，也可参见普拉特（Pratt）、卡普兰（Kaplan）和惠廷顿（Whittington）的《将定量的、演绎的观点强加给定性的、归纳的研究的危险性》（*the dangers of foisting a quantitative, deductive perspective on qualitative, inductive research*）。

源或叙述的差异应该是由于环境而不是调查过程的因素造成的。因此，研究者必须考虑到研究本身以及他们自己与受访者的互动如何通过影响行为而导致不一致的情况。最后，可证实性是指研究结果的中立性，反思受访者或你自己的看法有多大的可信度，并表明你可以通过其他来源，如不同的个人、媒体报道或原始文件，对他们进行三角测量，从而提高你的可信度和你的调查结果的可证实性。因此，由于没有统计学检验可以依赖，定性研究更重视展示数据本身以及所采用的汇总和分析过程。

埃尔斯巴赫和克雷默以详细描述好莱坞推介会的运作方式开始了他们的数据和方法部分。也是在这部分，他们以一个有点儿不寻常但有效的做法说明了他们方法论的理由。在不透露其信息提供者身份的情况下，他们提供了很多关于这些人的细节——这有助于评估其研究结果的可信度和可证实性。他们还提供了以下细节：关于他们进行的访谈的数量，他们如何收集数据，他们所问的问题，以及他们的数据是在哪一波中收集的。他们观看了 20 多次演讲，并描述了其中有多少次是现场的，有多少次是录音的，有多少次是由他们的信息提供者重新制作的（他们把推销的东西送到了工作室）。最后，他们描述了埃尔斯巴赫参加讨论定调的编剧课程，并描述了他们收集的档案资料（例如，编剧和制片人写的书）。他们还用大量篇幅描述了他们用来分析数据的四个阶段的过程，以及他们在每个阶段的分析中所形成的新见解。最后，他们描述了“成员核对”，以证明他们的见解在信息提供者那里的可信度。

结果/发现的差异

撰写定性文章和定量文章最明显的区别是，你所提供的分析结果在定性研究中通常被称为发现。这是因为定性研究中的发现通常是叙述性的，你在其中揭示新理论带来的模型、类型或过程，而不是用统计数据来检验你建立的理论模型。班萨尔和科利指出，研究结果部分将两种不同的叙述——他们称之为数据叙述和理论叙述——交织在一起。数据叙述是指发生在你的背景中的故事，它发展了你的背景中的主要和辅助的理论角色。他们解释：

> 数据需要给理论提供背景，而理论则需要给数据提供意义。因此，定性文章使用现有的理论作为背景来解释数据，数据提供了背景和对现象的深入描述，而新出现的理论则以新的视角来揭示这一现象。

因此，在撰写研究结果部分时，你必须把读者拉进你的故事，这可能会使运用语言和讲故事的方式比定量结果部分更复杂。当你试图找出一个能够吸引和保持读者注意力的数据故事，以及一个提供新的理论见解并增加对话内容的理论故事的时候，编辑和聚焦这两个故事可能是一个挑战。

另一个区别是，在定性研究中，你需要“展示”数据的程度要远远高于定量研究。因为你分析的是文本数据，你必须通过在论文正文和表格中提供多条引文来说明这些主题的实际存在。论文正文中的引文也必须与表格中的引文不同。不能循环使用，否则读者会认为你只是挑选了一个支持你想讲的故事的引文。此外，就像交织在一起的叙述一样，你可以用各种方式来组织，数据表没有典型的定量研究结果的标准化格式。因此，你必须决定如何最好地呈现你的数据。叙述中的数字也无标准格式，你可以在发现部分的开头使用一个数字来总结你的发现，然后进行详细描述，也可以在研究发现部分的结尾处使用它来将你的故事串联起来。这就为创意创造了更大的空间，但也给你带来了更大的负担，让你想出一些对他人有意义和启发性的东西。

埃尔斯巴赫和克雷默使用了棒球的比喻开启研究发现部分，总结了“接球手”（项目“投球”对象）将编剧归类为想法有创造性或无创造性两个过程。第一个过程使用投手的行为和身体线索，将他们归类为几个著名的个人原型之一；在第二个过程中，他们使用基于他们与投手的互动的线索来选择关系原型。

随后，埃尔斯巴赫和克雷默向读者介绍了每个过程，以及他们所归纳的七个个人原型与两个关系原型。他们对这两个过程采用了相同的结构：先总结结论，然后带领读者了解这些结论，他们没有为了“大揭秘”而试图隐藏结局。在这样做的过程中，他们把自己的理论融入他们对发现的叙述中。例如，在一些地方，他们注意到接球手们关于什么会增加的创造力的假设与研究实际表明会减少创造性的因素相矛盾。这打破了对所有的原型进行研究的“枯燥性”，并真正加强了他们的动态和节奏。他们还在每个过程结束时再次总结了他们的发现。在介绍他们的发现时，他们使用了大量的引语，而论文中的引语与表格中的引语是不同的，体现他们研究主要结果的表格很清楚，并传达了每个原型的基本信息。他们的脚注有每一栏的解释，对于那些只浏览文章并试图从文章中找出主要见解的人来说也很有用。他们在发现部分的结尾使用了一个图，包括剪贴画，以帮助总结他们的双过程模型。

讨论的差异

讨论部分的差异虽然没有方法和发现部分的差异那么明显，但仍然很重要。一篇定性文章的讨论部分必须达到第七章中所描述的所有目的。然而，与定量文章要在给出结果之前建立大部分新理论不同的是，在定性研究中你要根据研究结果在讨论部分巩固和发展新的理论。因此，讨论需要由发现“上升”一个抽象层次，并根据你的主角和配角的理论概念来描述研究的意义，而不是在发现中描述研究背景。这就是为什么定性文章的讨论部分倾向于较长。

你可以提供一些证据，证明你的新理论在你的特定研究背景之外的普遍性（通常是应审稿人的要求），即便普遍性并不是方法的强项或目的。这是不请自来的好做法，因为它通过证明你的理论在类似背景下的可转移性提高了你的可信度，并增强了你的研究的潜在贡献。但是，请确保你承认任何适用的边界条件，并避免过度声明你的新理论见解的普遍性。最后，有一些定性的研究，特别是那些具有实证主义倾向的，也可以提供一套理论命题来帮助总结他们新的理论见解。这些不是假设（我将在本章下一节中讨论差异），虽然不常见，但它们可以成为有用的总结手段。然而，我不建议将它们作为“寻求合法性”的手段，或者为了使你的研究让定量学者感到更熟悉，而将它们纳入。只有当你认为这真的有助于读者理解你的见解时，才能纳入它们。

在他们的讨论中，埃尔斯巴赫和克雷默重申了研究的目的和发现，但用了更一般的理论术语，而不是特定的背景术语。他们还用更普遍的术语描述了他们的理论贡献，而不是用特定的方式，并且他们在发现中所强调的一些理论问题（例如，捕手对提高创造性产出的不准确的假设）在此得到了进一步发展。他们还将他们的发现与一些他们以前没有讨论过的文献——如社会判断和印象管理——联系起来进行比较，暗示了他们的见解具有更广泛的适用性。这些额外的理论也帮助他们建立了一些实际意义，他们比许多研究更广泛地讨论了这些理论。最后，他们指出了他们研究的局限性，并有一个很好的结论（除了他们使用的“本研究”这个短语）。

> 在其 1983 年关于好莱坞的回忆录中，传奇编剧威廉·戈德曼（William Goldman）断言，当谈到为电影挑选热门创意时，“没有人是绝对正确的”。本研究的结果表明，恰恰相反，专家们对他们认为有可能产生创造性想法的作家原型以及表明这些原型的各种线索有很好的认识。因此，对这种判断过程的了解可能会看出一个单纯的推销和一个成功的作品之间的差异。

因此，定性实证研究在很大程度上不同于定量研究。我希望本节能让定性学者更好地了解定量学者的出发点，并有信心克服自己的研究让僵化的定量学者感到“更熟悉”的压力。我也希望它能让定量学者们对“不同的方法领域”有更好的理解和开放性，因此能理解并接受定性文章，而不是试图通过定量规范和期望的棱镜强迫它们。

2. 理论文章与经验文章

理论文章和经验文章的最大差异当然是理论文章没有数据，因此，它们不包括方法和结果部分。然而，许多作者都犯了一个关键的错误，那就是认为理论文章就相当于定量实证论文的前端。事实远非如此。

《管理学会评论》前编辑马丁·基尔达夫（Martin Kilduff）指出：“通往好的理论的途径不是靠文献中的空白，而是通过致力于这个世界上你个人感兴趣的问题。”因此，理论文章可以为各种各样的目的服务。最好的情况下它们提出的重要概念可以领先于经验证据。（Kilduff, 2006）也就是说，它们产生的见解随后会被检验（例如爱因斯坦的广义相对论，如引言所述），而不是仅仅基于已经被实证检验过的，或者很容易被实证检验过的东西。他们的理论模型解释的关系类似于那些实证研究探讨的关系，但他们也考虑了更广泛的关系，这些关系比单一的经验研究所能处理的更为复杂。理论文章也经常被用来理解那些更难用经验研究的过程，例如在更高的分析层次上运作的过程（例如，组织间领域）或无法观察到的过程（例如，心理过程）。另一些人则使用理论文章来对某一现象进行类型化的分析（e.g., Creary, Caza & Roberts, 2015）、回顾和整合文献（e.g., Magee & Galinsky, 2008）、澄清学者们以不同方式定义的概念（Adler & Kwon, 2002），或者引入一个新的概念（Rindova et al., 2006）。最后，理论文章有时采用论文的形式，其中作者讨论了一些特定的问题或一组问题。这些文章在一个有争议的问题上表明立场，或承认一些不良影响，如理论的自我实现性质（Ferraro, Pfeffer & Sutton, 2005）或糟糕的管理理论的负面影响（Ghoshal, 2005），或解决一些在文献中缺失或未被充分考虑的话题，诸如背景在理论化中的作用（Johns, 2006）。

为了说明理论文章和经验文章的差异，我将用我与杰夫·洛夫莱斯（Jeff Lovelace）、乔恩·邦迪（Jon Bundy）和唐·汉姆布瑞克（Don Hambrick）合著的《首席执行官知名度的桎梏：社会认知和行为角色对“明星”领导人的约束》一文（以下我只称它为《桎梏》一文）。我选择这篇文章是因为它是一个混合体，服务于两个不同的目的，因此，它有一个复杂的结构，这使得它成为一项有趣的、具有挑战性的讲故事的任务。

这项研究最初是由一个现象激发的，为什么首席执行官的知名度为其自身创造价值，但不一定为公司创造价值，而且为什么公司只在某些时候受益？为了回答这个问题，根据媒体对知名首席执行官的角色定位，我们开发了一个知名首席执行官角色的类型体系（创造者、变革者、反叛者和拯救者），然后将该类型体系纳入一个理论模型，解释了首席执行官的名人原型是如何“束缚”他们的，使他们只能从事与他们的名人原型一致的规定行为，以及这反过来又如何影响公司绩效。桎梏的过程受到了一些因素的调节，这些因素增加了首席执行官符合类型的可能性，而首席执行官的名人原型和公司绩效之间的关系则由社会认知与行为因素来调节，同时也受到公司内部和外部环境是否稳定或变化的影响。因此，这是一个非常复杂的模型，不可能在一个单一的研究中进行检验，有很多难以观察的部分，而且这些关系在多个节点上被调节变量所调节，这使得它也很难进行经验性的检验。目前，关于首席执行官知名度的经验研究也很有限，所以这个模型中的理论绝对领先于迄今为止的经验。

故事的结构差异

因为它们服务于更多的目的，理论文章也采用了更多的结构。它们都有引言和讨论部分，但引言的长度通常与定量和定性的经验研究相同，而讨论部分则较短，因为你并没有重述研究结果或将你的研究与更广泛的理论对话联系起来——那是你文章的核心内容。此外，虽然它们与经验性文章的引言相似，但理论文章的引言有一个不同之处是，你必须非常清楚地界定什么是你的理论化范围，什么不是，然后在综述过程中遵守这些范围，因为你没有数据来创造自然边界。因此，你必须具体说明你要考虑什么和不考虑什么，并说明其原因。引言和讨论之间的部分采用了各种结构，这取决于论文的目标。各部分的标题和组织通常遵循你正在开发的模型的结构和组织。然而，主要的特征结构一般都是在早期确定的，并且通常在前面有自己的定义部分或章节。

应用弗赖塔格金字塔（图 8–2），铺垫的长度与经验论文的长度相同，但与定性研究一样，上升动作通常是短而陡的，而理论上的成果——文章中为了解结而建立的模型或提出的观点——则是长长的下降的动作。最后的结局比定量文章和定性文章都要短，因为它不需要像经验研究那样的总结和联系函数。

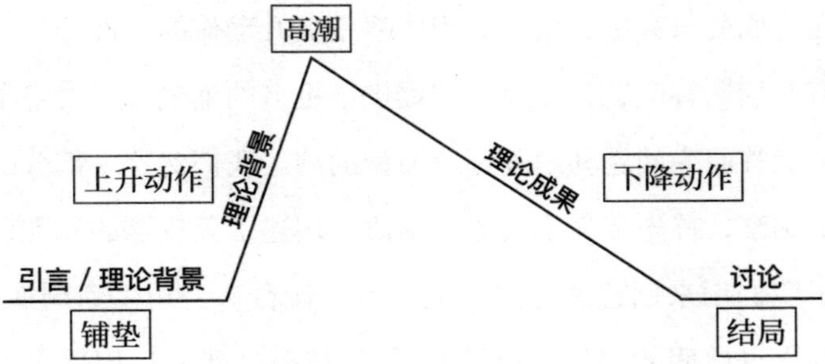

图8–2　理论文章的比例弗赖塔格金字塔

因为我们的《桎梏》一文同时开发了一个类型体系和一个理论模型，我将分别说明其长度。总的来说，这篇论文的主体部分包括表格和数字，大约有 20 页。引言提供了铺垫，占文章的 11%；理论背景（包括上升动作）占 8%；类型体系占文章的 15%，正如我不久将讨论的那样，在我们的研究中我认为类型体系是上升动作的一部分；下降动作，即发展理论模型的部分，占文章的 51%；

讨论占最后的 15%。这些百分比与第二章中建议的经验法则大体接近。

关于故事的结构，有几件事需要注意。在我们的引言之后，有一个主要部分定义了知名度概念。除了定义知名度之外，我们还必须将其与相关概念（名誉、地位、名声和恶名）区分开来。我们还讨论了它的一些前因后果。讨论前因后果是有用的，因为它帮助我们预示了一些我们最终的调节变量，并提供了一个过渡到类型体系的机会。这一部分帮助我们迅速打好故事的结，作为上升动作的一部分。

在我们的研究中，建立类型体系是上升动作的一部分，因为它并没有开始回答问题，相反，它提供了更多的铺垫，并设定了我们如何去回答研究问题和解开理论模型的结。我们对这一部分的结构进行了调整，首先定义了关键的术语，阐述了英雄剧的标准，然后描述了我们用来创建类型的一般标准（舞台 / 公司生命周期阶段；英勇和先见之明的属性；以及对手），然后，我们运用这个标准来描述四个知名首席执行官的原型。

该类型体系也有效地出现在我们接下来要建立的理论模型的初始部分。我们在一幅图中展示了我们的模型，然后在本节的其余部分中对其进行了阐述。我们使用了模型的主要组成部分（社会认知结果；调解变量、名人的行为后果和名人对组织绩效的影响）作为本节的主标题。该模型每个主要部分的不同子组成部分作为每个部分的小标题。因此，在社会认知结果部分，主要的小标题是“增加信心”“感到保持真实风格的压力”和“增强的权威感”。一个主要章节的每个小节都以一个命题结束。最后，我们将文章的主要结论部分—就是它的结局——取标题为“意义”。

命题与假设

撰写理论文章的大部分内容，与在第五章中已经介绍过的撰写理论和假设部分没有什么不同。所有关于有说服力的理论、明确的概念界定以及如何考虑组织理论的不同部分的讨论，对于撰写理论文章同样适用。然而，一个显著的区别是，理论文章没有假设，尽管它们可能有命题。

命题与假设不同，因为它们的目的不是作为可检验的陈述。相反，它们是你在发展理论或理论模型时对论点的总结性陈述。它们帮助读者消化有时很复杂的论点，为过渡到论点的下一个部分提供信号，并对你的主要观点提供容易浏览的总结。有些命题确实类似于假设陈述——明确了理论概念和关系的性质、方向、方式、强度和时间等方面，可以进行经验检验。然而，命题往往比假设陈述更长。它们可以确定明确的关系，但可能是双重或三重的（在一个命题中讨论多种关系）。它们也可能包括一些理论概念的前因后果，或者可能描述运作机制。所有这些特征如果包括在假设中，都会被认为是“不好的”，因为它们使假设难以被检验。命题也可以简单地描述或总结一个理论机制或主张。最后，理论文章可以包括足够多的命题，而这些命题在定量实证研究中可以作为假设进行检验。

根据文章的性质，命题也可能是不必要的。基尔达夫指出，你

“在整个论文中遍布命题”以确立经验研究的意义的这种观念是“迷信的学习”。如果你的理论方法不是建立在逻辑实证主义基础上，或者你不是在开发一个图框和箭头构成的模型，命题就不太可能是有用的。例如，类型、综述和短文不需要命题，包括它们会使论点变得混乱而不是澄清。

在《桎梏》一文中，我们在详述类型时没有提供任何命题，因为没有必要而且无助于故事的讲述。我们使用了大量的命题（共12个）来帮助解释和总结我们的理论模型，因为它很长、很复杂，提供了有用的总结和认知突破。然而，我们的命题有不同的形式，一些主效应命题看起来像典型的假设，尽管它们很难进行经验检验（例如，首席执行官的某一类型的知名度越高，首席执行官对与之相关的特定原型名人行动和行为的信心就越大）。其他的命题是总结性的陈述（例如，创造者角色的强度最大，拯救者和反叛者角色的强度居中，变革者角色的强度最小）。还有一些是三段式的（例如，首席执行官名人原型的角色强度越大，特定类型名人的知名度与其社会认知结果之间的联系越强，保持忠实于本类型的信心增加，感觉到忠于类型的压力增加，以特定类型的方式行事的权威感增加）。最后，有些反映了调节关系，但比较含糊（例如，与名人首席执行官原型相关的行为结果与和绩效之间的关系被环境条件的连续性所调节。具体来说，环境条件的变化越大，名人领导的公司的绩效就越可能下降）。一个假设会通过“具体来说”排除一切。

图和表

虽然图和表在经验文章中是必要的，但在理论文章中都是可选的。不过，大多数文章都有图和表，它们可以在讲故事时发挥重要作用，向读者展示你所要告诉他们的东西，并加强你的动态和节奏。然而，理论文章和经验文章中的图和表有一些区别。首先，理论文章中的表不是对结果或数据的总结，而更多的是用来总结理论的各个方面，进行比较或提供例子。与经验文章一样，图和表通常是方框和箭头（如果有命题，在图上标出这些命题会有帮助），但它们也可以采取更多形式来说明过程或捕捉那些难以用经验检验的关系（例如，三维模型）。

我们在《桎梏》一文中包括一张表和三幅图。我们用这张表总结了我们对四种知名首席执行官原型的类型。表中列出了知名首席执行官的原型和对原型的简短描述，我们以此来区分每种原型的四个维度，以及该原型所从事的行为类型。这张表总结了我们的叙述，使其成为采用该类型体系的其他人的有用工具。《桎梏》还包括三幅图。图 1 总结了整体理论模型，然后我们做了讲解。图 2 是一个 2×2 的图，说明了每个原型所基于两个维度的角色强度（角色期望对角色持有者的突出程度，以及他们对角色的沉浸程度）：对公司即将失败的可能性的感知，以及原型的规范性（它们是否反映了内部群体或外部群体）。我们用这幅图总结并说明了我们的论点，即为什么创造者型首席执行官会对他们的知名角色有最强烈的体验，变革者型首席执行官会对他们的角色有最不强烈的体验，而反叛者和拯救者则介于两者之间。

图 3 是“名人之弧”的图示，我们在模型中引入了“名人之弧”这一调节概念，以描述首席执行官成为名人的速度以及他们维持名人地位的时间。我们用这幅图向读者展示了我们在描述中所说的内容，这为我们的论点提供了一个很好的视觉效果，即崛起越快、越长的名人弧线的持续时间越长，首席执行官的某一类型的知名程度与前文所述的社会认知结果之间的关系更强。

讨论的差异

理论文章的讨论部分比经验文章的要短，因为你已经用文章的大部分篇幅描述了新的理论见解，所以你不需要再这样做。和经验文章一样，讨论部分探讨文章对理论对话的贡献、它的实际意义、它对未来研究的影响，以及它的局限性。然而，与经验文章不同的是，理论文章的讨论部分通常还包括一个描述如何对理论进行经验检验的小节。

如前所述，我们在《桎梏》一文中把讨论部分称为“影响”，因为那是我们的主要重点。我们首先简要地总结了我们的目标，然后描述了我们研究的理论意义。然而，在这个小节中，我们真正谈论的是未来研究的方向，例如，其他需要考虑的因素，或者用来扩展我们的模型。我们还评估了首席执行官名人效应和其他相关概念之间的关系，包括作为前因和后果的关系。这些讨论与模型的一些局限性交织在一起，局限性来自我们必须对我们要和不要理论化的东西做出选择。因此，讨论部分在某种程度上是一个总括性的部分，确定了我们所贡献的不同对话、局限性和未来的研究方向，以及其他人如何实证检验我们的理论。余下的实际意义部分集中在我们的模型对董事会和首席执行官本身的实际影响上。

我希望你现在能更好地理解定量、定性和理论论文写作的差异，每一种都是一门独特的学科。在本章的其余部分，我将讨论撰写书籍章节的不同之处，这是我们向世界展示研究的另一种常见方式。

3. 书籍章节与期刊文章

书籍章节是我们拥有的最通用的出版渠道。它们的结构与传统的定量、定性或理论章节类似。书籍编辑也可以规定一个特定的形式，例如，关于特定主题的手册和百科全书的条目往往遵循相同的格式。有些书的章节比典型的期刊文章要短，而有些则要长得多。如果书籍的编辑同意，书籍章节也可以采取一些真正非传统的形式，如民族诗学（以诗的形式写的自我反思的定性研究）、回忆录，或以书信的形式写的章节。如果你想任意挥洒，玩玩讲故事的结构，书籍章节比期刊文章更合适。

我撰写的理论、定量、综述和定性的书籍章节已经出版——其中一篇主要是基于迈克尔·刘易斯（Michael Lewis）的著作《金钱球》（*Moneyball*）。我还参与编辑了《牛津企业声誉手册》（*The Oxford Handbook of Corporate Reputation*），在这本手册中我们要求作者采用两种章节格式中的一种（直接回顾的格式或提供案例的格式），以便每一章都有类似的感觉和组织结构。撰写书里的章节真的很自由，而且很有趣，完成几本书的章节是我最喜欢的写作经验之一。但这也是风险所在。书中的章节也会让人上瘾，因为它们的写作速度相对较快，而且很少像期刊文章那样经过同行评审过程。鉴于大多数学术部门在涉及晋升和任期时不会给予书籍章节太高评价，因此撰写大量的书籍章节可能是有风险的，特别是在你职业生涯的早期。然而，如果你有什么想表达的，或以不同的方式表达，写书中的章节可能是正确的方式。

本章重点介绍了一篇学术文章的不同部分。在本书的第二部分，我把注意力从结构和内容转向了过程。具体来说，就是写作过程、合著过程和评议过程。我还将讨论学者的其他类型的写作（基金申请、研究陈述等），并提供一些最后的总结性想法。

第二部分

应对写作与发表流程的技巧

第九章 写作过程

The writing process

你现在可能已经猜到了，我认为我们在创作学术文章方面所做的工作和我的妻子萨拉在创作绘画方面所做的工作之间有很多相似之处。包括创作作品的过程。从一张空白的画布，或一张空白的页面，到一个成品，可能是令人望而生畏的。从启动创作并产生足够的动力来完成这个过程是具有挑战性的，特别是如果你试图从整体来看过程。小说家安妮·拉莫特对此讲了一个很好的小故事。当她还是个孩子的时候，她的哥哥有一份关于鸟类的报告要提交给学校。他当时哭着坐在那里，拿着一大堆鸟类书籍，不知道该从哪里开始。他的父亲告诉他："一只鸟一只鸟地看，伙计，就这样。"（Lamott, 1994: 19）除了是一个很好的建议外，"逐鸟"还成为她的回忆录／写作指南的名字。我喜欢这个故事，因为它是一个很好的提醒，即写作就像创作一幅画，是分阶段进行的。而思考每个阶段所需要的东西可以使这个过程更容易理解。太多关于写作过程的作品要么从真正过程的中间开始，或者压缩时间并合并跨时间发生的过程的不同部分。在这一章中，我列出了写作过程的四个阶段，因为我将其视为与绘画创作类似的过程。然后我讨论了提高写作效率的一些实际问题。

四个阶段：循序渐进的六种写作活动

写作的核心活动

几年前，我和夏洛特·克卢捷（Charlotte Cloutier）一起参加了一个关于写作的小组。她当时是蒙特利尔高等商学院（HEC Montreal）的一名助理教授（后来获得了终身教职）。夏洛特和更多的资深学者一起参加了这个小组——我们中的大多数人都是现任或前任期刊编辑。因为她开了一个叫 ProjectScrib（projectscrib.org）的博客，并且在博客上发布了她对资深学者就他们的写作方式所做的访谈的编辑文稿。虽然她现在已经渐渐减少直到停止发布这些访谈，但她所发布的 25 个访谈仍可获得，我向大家推荐。因为夏洛特是做定性研究的，所以接受访谈的大多数人（25 人中的 22 人）也都是定性学者；不过，无论你的方法论取向如何，他们对写作过程的理解都适用。

夏洛特对她的访谈手稿进行了归纳分析，并写了一篇文章《我如何写作：对学者写作过程的调查》（*How I write: An inquiry into the writing processes of academics*）（Cloutier, 2016）。她在文章中综合了构成“写作”过程的不同活动。记得在引言中，我讨论了写作和打字的差异，认为写作可以发生在任何地方，而不只是在你的计算机前。此处我把写作加了引号，因为夏洛特的文章进一步推动了这一概念的发展。除了写作本身之外，她还指出阅读、交谈、思考和绘画等活动也是写作过程的一部分。在她的这个列表中，我加入了与数据打交道的工作，因为正是在收集、编码和分析数据时——

无论是定量还是定性的——才会产生更多的见解，凝聚更多的想法，你的故事也就开始了。我使用整合后的六种写作活动来构建写作过程中受绘画灵感启发的四个阶段：（1）准备打地基；（2）构建场景；（3）增加细节，提炼和聚焦；（4）修整和装点。虽然这六项活动通常发生在全部的四个阶段，但随着写作过程进展而有所变化。我将强调每个阶段产生的差异。

第一阶段：准备打地基

在开始画画之前，你必须做好准备。包括准备你工作的场所（地基）、收集其他材料（例如，颜料、稀释剂、质地增强剂）和工具（刷子、调色刀等），也许还可以做预备草图或色彩研究。图 9–1 显示了萨拉为绘画打底板的情况。在可以开始写作之前，你同样要准备好你的“地基”，让你的思想准备好接受你所积累的原材料来讲述故事。这也是你做自己的“准备性研究”的时候，尝试要包括和不包括的内容。

图9–1　准备打地基

写作。在开始撰写你的文稿之前，你会写很多其他东西，如笔记、备忘录、会议总结和工作假设。你也可以写一些研究材料，如调查问题、实验方案、脚本、量表、案例历史、历史时间线以及基金申请。你所写的东西取决于你的思维和研究过程的线性，以及所做研究的类型。这些是你的准备性研究，帮助你确定主角和配角、故事的主题、人物将遵循的故事情节以及你将如何给文章打结。你可能还没有用这些术语来考虑它们，但你正在准备你的“地基”——思考你的故事，让你的思想准备好，以便在你把这些碎片组合在一起时能够接受。

阅读。准备打地基还包括让自己沉浸在文献中，这样，当你开始构思你的故事、构建对话和确定贡献时，主要的理论、发现和研究就触手可及了。因此，随着你弄清楚你的想法是否已经完成，以及你将如何加入对话，你可能会阅读你认为将会构筑根基和能有所贡献的文献。这包括最近发表的或可在期刊的官方网站上找到的内容，以及该领域的关键文章或其他工作。你的阅读可能是广泛和兼收并蓄的，这取决于你对文献的精通程度，以及研究在你脑海中的清晰程度。

绘图。对于许多学者来说，准备打地基的一个重要部分是试图用图形——方框和箭头或其他方式——来获取你的想法或模型。这可以在办公室的白板上、幻灯片中、记录想法的笔记本上、餐巾上、垃圾筐里的纸上、部门会议议程或任何你喜欢画画和涂鸦的地方进行。绘图可以帮助你通过想象你的不同角色之间的关系来构思，也可以帮助你解决问题或矛盾。在这个阶段，它就像动画电影中的故事板，故事情节和故事中的人物及关系开始形成。

谈话。大量的时间也花在谈话上——与你的合著者；与其他人，比如你的学生或从业者；以及与同事，也许在午餐研讨会上或走廊里的谈话。谈话可以帮助你处理你所遇到的不同信息和想法，让你开始弄清楚你的故事是什么，什么是有趣的，并与听众一起检验你的叙述的一部分。为此，请记住，谈话的一个重要部分就是倾听别人的意见，并利用它来改进你的故事。

思考。思考既发生在计算机前，也发生在远离计算机的地方。你会在做其他事情的时候思考你的研究，比如在锻炼、做饭、打扫卫生、睡觉、做院子里的工作以及做其他项目或写评论时。在这个阶段，你要把你的想法放在一起，试图说服自己，并思考如何说服别人。

处理数据。这个阶段发生在你收集和分析数据的时候。写作既不完全是在数据收集和分析之前，也不完全是在其之后。它们往往是共同发生和重叠的。在这个阶段，与数据打交道可以激发你的思维，帮助你弄清楚你的故事是什么，以及你需要和不需要哪些角色来讲述它。写作提供了对所需的数据分析、你需要收集的其他变量和你想进行的分析类型的洞察力。

第二阶段：构建场景

一旦打好了地基，你就可以开始构建场景。对于一幅画来说，这包括铺设底色、勾勒出场景的大的形状或部分，并填上颜色说明（图 9–2）。因此，此时你是在描绘大的轮廓，细节将在以后填补。同样，当你开始写你的文章时，你将粗略地写出你的引言，发展你的故事情节和支持你的假设的一般论点，并起草你的方法和结果。

这不是担心把所有细节都写进去和把文字写得漂亮的时候，因为你正在写的是一个粗糙的初稿。

图9-2 构建场景

写作。安妮·拉莫特提出了这个重要的观察："所有优秀的作家都会写粗糙的初稿。这就是为什么他们最终会有好的第二稿和很棒的第三稿。"我把这一阶段的写作称为"新"写作，因为你是从头开始工作，这是最难的一种写作。经验不足的作家和许多有经验的作家所面临的最大挑战之一是，他们认为他们的文章从一开始就必须是精炼的、逻辑上连贯的、接近完成的作品。没有什么比这更离谱的了。初稿是为你自己这个听众所准备的粗糙草稿，它是你把所有的想法、部分和碎片都放在一起的地方。这些想法和碎片是你在准备工作时积累的，其顺序与一个故事有一些相似之处。这些想法可以是半成品，你可以插入像"[在此添加更多内容]"和"[示例]"这样的注释，而你的参考文献括号里大多会写"(引用)"。

一旦你写好了初稿，你就可以开始重新组织、编辑并在下一阶段填补细节。在你把论文寄给期刊之前，你可能会修改几十次，所以你在这个阶段的写作只是第一步。因此，在这个过程中不要审查自己，也不要试图创造“完美”的初稿，这可能导致步履维艰。也不要试图一下子写完。遵循“逐鸟”的方法，并给自己布置一些可以一次性完成的短任务，如起草引言、为假设 2 写论点，或为你的一个理论写理论背景部分。你也不需要从头开始。你先写的部分可能是你脑海中最清晰的部分，或者是你认为最容易写的部分。如果你仍然有问题，你可以尝试自由写作，即输入任何你能想到的信息。事先要认识到，你最终会把大部分内容都删除。如果你坐在键盘前就僵住了，那就买个听写软件和耳机，然后就开始说话。

许多人在这个阶段都有的一个问题就是是否在写作前先列出大纲。我觉得列大纲没有什么特别的好处，但也没有什么问题。如果它对你有用，就列；如果不适合，就不要列。如果你通常不列大纲但难以起笔，那就做个尝试；如果你强迫性地在你的大纲上工作，而没有真正把它变成一篇论文，或者觉得被它束缚住了，那么也许你应该放弃它，直接开始写作。

我个人从未为一篇文章列过大纲。这不是我的思维方式，也不是我喜欢的写作方式。然而，我在写教学笔记时，通常使用大纲格式。我在博士研讨会上讲授本书中的材料，在学期开始前就写好了前四章，在学期中又写了两章，其余的则在课程结束后写完。因此，我在写这些章节之前，实际上已经为一半以上的章节写好了大纲，这对我来说是一个有趣的尝试。说实话，我没有发现根据章节草稿写课堂笔记大纲和根据大纲写章节草稿之间有什么不同。总的来说，无论从哪一个开始，我都花了同样多的时间来完成这两项工作。所以，做任何对你有效的事情，但要确保你能区分出什么是舒适和熟悉的，什么是有效的。即使是舒适和熟悉的东西，如果它不奏效，也是时候尝试不同的东西了。

我倾向于分块写我的初稿。在准备打地基时，我通常会为假设写几句理由，所以我知道我的基本故事将如何展开。在这个阶段，我先写引言，因为它可以帮助我组织思想，确定我的主角和配角，并为论文的其他部分提供一个简短的缩略图。然后，我再回过头来，扩展支持假设的逻辑，详述理论背景。在草拟完前端之后，我再写方法和结果部分。到那时，我就知道测量和结果一般是什么了。我最后写讨论部分——通常是在下一个阶段——因为理论、贡献和结果会随着论文的发展而变化。因此，通常情况下要等到我对论文的其他部分有了更多的发展和完善之后，才有意义。

阅读。在这个阶段，你的阅读会变得更加集中，因为你开始为你的论文勾勒出大致的轮廓。你将会进行更多的阅读以修正你的逻辑或填补故事中的空白，为你的关键概念下定义，并确保你没有遗漏任何关于主题的主要研究。如果你做的是定性研究，你在阐述发现时也可能会在文献和数据之间进行反复。

绘图。在这个阶段，你可能会继续绘图——完善你的图，也许在发展理论和假设或研究结果部分时增加或删除一些部分和关系。如果有交互关系的话，你还会画出交互关系图，考虑要包括哪些类型的表格以及放在何处。

谈话。就像你准备打地基时一样，你的大部分交谈将是与合著者和同事进行的。你与合著者的交谈可能会变得更加集中，因为你遇到了特定的问题并开始解决它们。也可能会就定义、排序以及如何最好地概括你的贡献进行一些协商。同事之间的谈话也和准备打地基的工作差不多——比如走廊里的谈话和午餐研讨会的观点交流。

思考。在这个阶段，你思考的时间和地点不会有太大变化，但会更多地考虑如何为每个假设提出更充分的论点并将之放在一起，而不是考虑故事的基本内容。因此，当你把各个部分放在一起并开始安排结构和故事情节时，你的思考将变得更加集中。

处理数据。这个时候你已经得到了你的主要结果，但可能正在进行稳健性检验和其他分析——比如说，探索潜在的中介和调节关系，以充实你的故事并排除其他解释。如果你的研究是定性的，你可能仍在使用数据来阐释研究结果部分。如果出现了新的、有趣的故事情节，或者先前有希望的结果在做了一些分析或测量改变后消失了，这些分析可能会导致要修改论文的其他部分。这可能会促使人们更多地思考什么是真正发生的事情。如果你正在做实验，你甚至可能决定有必要做另一个实验来探索一些新的小问题或故事间的细微差别。

第三阶段：增加细节，提炼和聚焦

一旦艺术家搭建了场景，他们就开始为其添加细节、颜色、光线和细微差别（图 9–3）。他们会专注于场景的不同部分，但也会随着场景的发展在不同的部分之间来回移动以保持整幅画的平衡。在写作过程的这一阶段，你也要做同样的事情，增加细节、关联和例子，把你那粗糙的初稿变成一个完善的作品。

图9–3 增加细节，提炼和聚焦

写作。我最喜欢的一句话来自威廉·津瑟的《写作法宝》一书："改写是良好写作的本质：它是游戏的胜负所在。"（Zinsser, 2006: 83）我喜欢这句话，因为它强调了大部分我们认为的"写作"实际上是"改写"。我觉得改写比构建场景所需的"新"写作要更容易，也更有趣。在此你可以精心设计语言，运用第二章和第三章中讨论的所有工具和技巧，如人情味、讲述和展示、动态和节奏。你也开始解决你在构建阶段所忽视的病症——杂乱无章的句子和不必要的词语；被动结构、藏头、句肥和浮夸；缺失的定义、假设和需要猜测的观点之间的联系，你要在连续几轮的改写中把这些问题都解决掉。

在这个阶段你将制定你的主题和故事情节，并将你草拟的二维“纸板模型”（King, 2000）的人物变成完全成型的概念。这就是为什么它是决定“游戏输赢的地方”，因为在这个阶段，你所做的事情决定了故事的成败。你要关注你的故事结构，回答一些问题，比如，我在哪里需要更多或更少的论述来设置场景？是否所有的部分都能有效地打结？我在哪里以及如何介绍背景？我应该以什么样的顺序来介绍这些假设？我在方法和结果中如何以及是否包括了所有炫酷的东西以及需要的细节？在这个阶段你也要撰写讨论。它是否与你在引言中宣称的贡献相联系，你是否创造了一个带来宣泄和发展理论的有效的结局，还是你只是再次总结了你的发现？你有一个强有力的结论了吗？在这个阶段结束时你将拥有一份接近完成的手稿。

阅读。在这个阶段，你往往会减少阅读。你所做的阅读通常涉及追踪具体信息，以解决你在起草和润色稿件以及回应友好评论时出现的问题。

绘图。你可能还在修补你的模型，特别是如果你在做一个定性研究或者提供更多的图和表，但此时你正在结束绘图工作。

谈话。这是与之前阶段相比的最大变化有可能出现的地方。在这一阶段，你将向会议提交你的论文，也许是在应邀演讲中展示它。你也会得到友好的评论——这是谈话的另一种形式，并利用它们来做进一步的改进。因此，在这个阶段，你的大部分“谈话”将真正涉及“倾听”反馈。

友好评论是写作过程中的一个关键部分。在一篇论文上下了这么多功夫之后，你开始对什么是有趣的、什么是无趣的、什么是需要猜测的以及什么是过度解释失去了敏感性。我最喜欢斯蒂芬·金的《论写作》（*On Writing*）一书中关于他童年时的一个保姆的一句话，这句话说明了关于友好评论的一切：“在许多方面，尤拉·比拉（Eulah-Beulah）让我为文学批评做好了准备。在被一个两百磅（约 90.72 千克）重的保姆大肆批评之后，《乡村之声》（*the Village Voice*）就没什么可怕的了。”（King, 2000: 20–21）在写作过程中，你需要敞开心扉，接受一些急需的批评，并请你的朋友们畅所欲言地批评（当然，要以一种有益的、建设性的方式）。期刊审稿人是不会留情的，因此，你需要先做一些练习，使你的稿件变得更有力，并确保它能经受住考验。这样一来，当你进入审稿程序时，你收到的意见将不那么令人生畏。你已经准备好了，已经对一些最明显的问题做出了回应，你将更有能力与审稿人争论预计会出现的其他问题。

在第二章讨论的“编辑寄语”专栏中，我和乔伊丝·博诺谈到了你想寻求的友好评论帮手团队。每个人都扮演着不同的角色。第一种类型的帮助者是支持性审稿人。这个人提供批评性的但也始终是积极和支持的反馈，鼓励你继续前进，并向你保证你能做到这一点。你还需要招募一些你所写的理论、背景和/或方法方面的专题专家。你可以要求他们阅读整篇论文，或者只阅读你有疑问的而他们可以提供最大的帮助的特定部分。征求对特定部分的意见也可以减少要求审阅的量，增加他们提供帮助的可能性。试着培养一批关系密切的同事和合著者，可以彼此寻求友好的评论。

第三种类型的帮助者是在你的领域甚或学术界都没有什么专长的人，如第一年的博士生、配偶或朋友和邻居。他们可以告诉你，你的叙述是否清晰、有趣和容易阅读。最后，你还会需要一个像保姆尤拉·比拉一样的人，那个有着深厚的专业知识和鲜少技巧的刻薄的审稿人，将直接告诉你意见。你必须克制与他们争论的倾向（我经常失败），倾听他们的意见将帮助你避免踩雷，这些地雷可能会使你的论文在送审时被拒。在所有情况下，重要的是你要寻求具体的反馈，而不是无益的泛泛而谈。你可以事先提出具体的问题，或者要求你的友好审稿人详细说明如何来解决他们提出的问题。即使他们的建议不被采纳，但也可能会引发你的一些其他想法。

思考。在这个阶段的开始，你正在深入思考我在上面讨论的关于写作的所有问题。随着这个阶段的推进，你会更多地考虑解决悬而未决的问题以及如何措辞最有效。

处理数据。你可能会在友好评论的基础上做一些补充分析，或者如果你的研究是定性的，你还需要找出正确的引文并完成表格，但这时数据工作应该已经基本完成。你的主要分析也都已经到位了。

第四阶段：修整和装点

这是最后一个阶段，艺术家对作品进行最后的装裱美化。经过烘干、上浆和配框，并贴上底纸、配上悬挂零件和绳带，作品现在就可以出售了（图 9–4）。在写作中，这就是对稿件进行最后抛光和打磨的地方，一旦完成了这些，你的稿件就可以提交给期刊了。

图 9–4　修整和装点

写作。这是对稿件进行最后的、仔细的编辑加工的时候。这也是你检查你的参考文献，以确保囊括所有你引用的文章和书籍，并删除任何多轮修改中弃用的参考文献的时候。这还是你确保你的参考文献的格式一致的时候。每本期刊都有自己的格式风格，但我个人并不担心要遵循期刊的特定参考文献格式，直到我至少要收到一份“修改和重投”（R&R）意见。这是个大工程，而且编辑和审稿人一般都不会注意。相反，我确保所有的参考文献始终采用我喜欢的格式。

阅读。你的阅读已经完成。

绘图。除了对标签和标题进行细微的编辑和校对以确保其一致性和格式化之外，绘图已经完成。

谈话。在这个阶段，你可能想请一个最后的帮助者：一个好的文本校对员。他们将帮助你确保你的文字、语法和标点符号都是清晰和紧凑的。我曾经使用过校对员，我总是能学到东西。你的文章读起来越好，越没有错别字，就越有可能成功。除此以外，在这个阶段的谈话主要是在你的合著者之间进行，集中在任何未解决的细节：把它寄到哪里，编辑和审稿人给出了什么建议，以及对工作出色完成的祝贺。

思考。这里的思考主要是关于评议过程的问题，我将在第十一章中介绍。在论文方面，已经没有太多的问题需要弄清楚。

处理数据。这已经完成了。

一旦你完成了这个阶段，你的手稿就可以提交了。我希望创作一幅画的四个阶段的比喻有助于说明写作确实是一个过程，我希望你能更好地理解每个阶段发生的事情，包括论文写作本身和之外要做的相关事情。这样对写作过程的思考能更好地控制节奏，帮助你理解你的论文写作所处的位置和需要做的事情，而不必太过担心那些目前不需要你注意的事情。在本章的其余部分，我将讨论一些策略和方法，以帮助你提高你的写作生产力。

提高写作效率：三种策略和若干具体方法

写作需要专注。你越有能力排除杂念专注于你的写作，就越能在一定时间内写出更多的东西。这就是为什么我认为专注比时间更重要。如果你安排得当，可以事半功倍；而如果你安排不当，则事倍功半。然而，在这个数字时代，我们面临着各种形式的干扰——电话、短信、电子邮件、互联网及魅惑的脸书（Facebook）、推特（Twitter）和24小时新闻的诱惑。除此之外，还有现代家庭生活、教学、各种服务要求和官僚主义要求，似乎永远没有足够的时间来完成任何写作。这就变成了“一旦学期结束”“一旦夏天来临”或“一旦到公休日”，我就开始写作，但似乎总是有什么东西妨碍了这些“一旦”的进程。那么，一个有意写作但心神不宁的学者该做什么？

深度工作

自我完善的作者和理论计算机科学家卡尔·纽波特（Cal Newport）认为，我们比以往任何时候都更需要的，也越来越难实现的是“深度工作”。在他的同名书中，纽波特将深度工作定义为：“在心无旁骛的状态下进行的专业活动，将你的认知能力推到极限。这些努力创造了新的价值，提高了你的技能，并且难以复制。”（Newport,

2016: 3）听起来真棒，对吗？那么你怎样才能做到呢？纽波特认为，有四种方法可以从事深度工作：（1）僧侣方法；（2）双模式方法；（3）有节奏的方法；或（4）记者方法。

僧侣方法是指长时间（或永远）远离所有可能的干扰，这样你就可以完全专注于你的单一目标。除了少数人，这种方法对所有的人来说都是不现实的，而且我认为这需要一些明显的厌世主义倾向。

双模式方法是指在固定的时间段内变成僧侣，使自己与所有的干扰因素隔绝，但其他时间则身入凡尘。这种方法适合学术生活方式。例如，我们可以把教学工作集中在一个学期，而把另一个学期留给研究。即使你的教学不用集中，你也可以采用双模式的方法，因为你可以在几天的时间里使用这种方法（例如，每月 2 ～ 4 天，一次或两次），而不用非得是几周或几个月的时间。如果你能管理好你的日程安排，分配出较长的时间段，并有足够的意志力远离所有的通信和技术，这可能对你有用。如果你能进行物理隔离，去一个能让你脱离平常环境的地方——例如，森林中的小屋或海滩，也会很有用。纽波特提供了一些极端的例子，比如 J. K. 罗琳（J. K. Rowling）入住昂贵的巴尔莫勒尔酒店（Balmoral Hotel）来完成《哈利 · 波特》（*Harry Potter*）的最后一本书《哈利 · 波特与死亡圣器》（*Harry Potter and the Deathly Hallows*），或者另一位作家，在只剩两周的时间须完成图书合同的最后期限，他预订了往返东京的航班，利用飞机上的行程撰写该书的大部分内容。

有节奏的方法是许多人所向往的。这是指每天都在固定的时间进行写作。这也是保罗·西尔维娅（Paul Silvia）在他的《如何大量写作》（*How to Write a Lot*）一书中所提倡的方法。他认为，大量写作需要做到定期写作，要做到这一点，你必须弄清楚什么时候是你写作的最佳时间，把这个时间分配给写作，保护好它（例如，你不会在你应该上课的时候安排一个会议，所以要给予你的写作时间以同样的重要性），找一个好的地方来写作，并给自己定一个写作目标，让自己在每一时段中都能完成。斯蒂芬·金将小说家安东尼·特罗洛普（Anthony Trollope）作为这种方法的一个典范。他每天都要写两个半小时，然后才去参加英国邮政服务工作。如果时间到了，他就会在写到一半的时候停下来；如果他在写作时间结束前完成了一本书，他就会在打字机里放上一张新纸，开始写下一部小说。

在新型冠状病毒肺炎流行病封控期间，许多被迫在家工作的学术界内外人士都采用了这种方法的不同形式，因为他们要平衡自己的工作需求、孩子的学业和对注意力的要求，以及他们的重要关系人的工作时间要求。例如，他们每天工作一定的时间，而他们的配偶则负责照顾孩子，通过这种交换，给对方完整的工作时间。或者他们把工作时间安排在孩子们睡觉的时候。我的一个邻居是一位首席财务官和单亲家长，他告诉我他每天早上 4：30 起床，在孩子 7 点起床之前完成他的重点工作，然后他在家庭教育的间隙处理电话。你可能已经采取了类似的做法。

记者方法指的是像记者在截止日期前工作那样，只要有机会，你就切换到深度工作模式。你可以提前计划这些时间段，但每天和每周都可能有所不同。这种方法对新作家来说是一个很难采用的方法，因为它需要训练自己迅速进入深度工作状态，并有信心会成功。与其说是一个固定的时间表，不如说是一个有节奏的方法。你要打算出——也许是每周——你什么时候有大块时间可以写作，利用好这些时间。你可以每天更新这些评估，例如，一个意外的会议取消，解放了你的下午时间，或者你的狗生病了，你计划的写作时间被占用了，你要带它去看兽医。因此，尽管不是随机的，但这种方法也不像有节奏的方法那样严格和有规律。

无论你选择哪种方法，在你深入工作期间，除非是为了查找文章或其他信息以为写作提供参考，你都不要回复电子邮件、短信或电话，也不要使用互联网，并且不要在会被孩子、同事或学生打扰的地方工作。没有人会觉得这很容易，你需要弄清楚哪种方法最适合你。就我个人而言，虽然我向往有节奏的方法，但实际上我施行的是记者方法。即使在我不教学的时候，每个星期也都是不同的，我很难把整日或整周的时间都安排好。我总是能够集中精力和注意力，而且我已经非常善于在写作时迅速进入这种状态。例如，在我第一次写深度工作的四种方法这一节的时候，我还得去做每周的食品采购，接着是参加一个学生的论文会议，然后带着我的狗去理疗，最后是参加研究小组关于阅读和评论的会议。这一节是在参加完论文会议之后，在带我的狗去散步和做晚饭之前起草的。前两天，我的日程表上没有任何安排，我完成了更多的工作，起草了本章的引言和关于写作过程的前两个阶段。具体的工作安排仅取决于当天的情况。

条理化

保持有序也会提高你的生产力，如果没有其他原因的话，你是不会花几个小时去寻找放错地方的文件或重复做已经做过的事情。当你开始写作后，继续写作会变得更容易，重新整理文件可能造成你的写作暂停（稍后讨论）。保持有序不一定要完美，也不一定要对别人有用，只需要对你有用就可以了。在我上大学前的日子里，我办公桌上的每个项目都有一“堆”收纳系统，而且我知道每堆东西在哪里。虽然我的收纳系统让我的一些习惯“清空桌面”的同事感到害怕，但它对我来说是有效的。在今天这个更加无纸化的世界里，我的计算机上有一些文件夹。有些文件夹是针对我所做的多项研究的广泛领域，如首次公开募股（每项研究有自己的文件夹）；另一些则按合著者标记，并包括我们每个项目的文件夹；还有一些是独立的项目。我使用子文件夹来区分数据与文件、文章等。我还为我的文件标上日期，并经常保存新的版本。我把日期放在最后，这样我就可以按标题排序，然后按顺序查看日期。任何对你有用的事情都可以做，但一定要制定并坚持一个系统。

常规和仪式

许多高产的作者以及任何行业的高产人士，都有一套常规和惯例，或称仪式，帮助他们进入并保持在写作的流程中。这些仪式包括何时何地工作、如何开始、工作多长时间，以及如何停止。

何时工作。何时工作取决于你的生活状况、深度工作方法以及生物节律。如果你采用双模式方法，你的日程表和其他因素将影响你何时能挤出大块的时间；如果你采用的是有节奏的方法或记者方法，无论你是“早起鸟”还是“夜猫子”，有年幼的孩子以及其他因素都会影响到一天中的何时是你最好的时间。保罗·西尔维娅指出，大约有 2/3 的人是早起鸟，1/3 是夜猫子。我个人在早晨的状态比较好，所以我努力使我的早晨尽可能向写作敞开大门。斯蒂芬·金也是一个善用早晨的人。他说，对他来说早晨是用来写作的，下午是用来进行其他非写作的公务（和小睡），而晚上则进行家庭活动和看红袜队的比赛。我有一些同事很早就开始工作（4：30～5：00），下午 2：00～3：00 结束工作，以便他们可以做其他事情。相比之下，我的合著者韩正勋会整晚工作。如果我在早晨 6：30 收到他的论文，我就知道那是因为他还没有睡觉。这就是所谓的适合你的就是好的。

何地工作。能让你最好地从事深度工作的地方，就是你应该工作的地方。这个地方可能是家里、你在学校的办公室、图书馆、咖啡馆以及如酒店房间或小木屋的孤立的环境。你在哪里工作取决于你采用的深度工作方法和你远离互联网、社交媒体和其他干扰因素的能力。工作地点不必多么花哨。斯蒂芬·金在一个双排座的洗衣房里写下了《魔女嘉莉》（*Carrie*）和《撒冷镇》（*Salem's Lot*），他在打字机上打字时，把孩子的课桌放在他的大腿上平衡［他的身高超过六英尺（约 183 厘米）］。我敢肯定他现在的写作场所比以前更豪华。斯蒂芬·金认为，最重要的特征是你的写作空间不受干扰，并且你可以关上门，至少是象征性的。卡尔·纽波特和保罗·西尔维娅赞同这些观点。有一扇真正的门是很棒的，但如果你最终是在一个公共空间比如咖啡馆或图书馆工作，那么戴上耳机，听着音乐，可以帮助你将世界拒之门外。我有现任和前任学生在咖啡馆工作时使用这种方法。

我主要是在家里写作。图 9–5 是我目前的家庭办公室，这是我有史以来最酷的办公室。我的房子建于 1927 年，我的办公室原本是一个户外门廊。它对我来说就像一个树屋，可以俯瞰我的车道和外面的街道。在我职业生涯的开始阶段，我在学校的办公室里写作。但在我结婚后，我们于 2002 年搬到马里兰州，华盛顿特区的交通状况和我们的第一条狗安妮（Annie）使得我在办公室写作变得更加困难。同时期出现的住宅宽带接入使得在家工作更加可行。从那时起，我就在家里写作。虽然我也在飞机、机场、酒店和街头的户外艺术展上写作，但家里是我完成深度工作的主要场所。我写作时喜欢安静，所以我不听音乐。我难以忍受在写作的时候听到说话声。我妻子的工作室占据了房子的二楼，所以她有自己的独立空间，而且我们听不到彼此的声音。

图9–5　我工作的地方

如何开始。一旦你想好了工作的时间和地点，你就要考虑制定开始写作的日常惯例。当其变成习惯，它们就可以帮助你更快地进入深度工作。如果你曾经想知道音乐家、运动员和其他表演者所从事的精心设计的仪式，这就是部分原因。这些仪式帮助他们做准备并达到必要的专注。可能有些特定的事情能帮助你专注，比如清理你的桌子或整理你的辅助材料（笔记、书籍等），关闭互联网接入口或关闭你的电子邮件客户端。或者，它们可能涉及一些与食物或饮料有关的仪式，如喝杯咖啡或制做你喜欢的零食。它们也可能是一些更有形的东西，比如锻炼身体，或者冥想 10 分钟让你的头脑清醒。甚至仅仅关上门或播放特定的音乐都可以向自己发出信号：是时候写作了。一旦这些准备仪式完成，你将如何开始实际的写作过程？例如，你是从暂停的地方继续写，还是重读你前一天写的东西，抑或是每天都从文章的开头开始以进入写作流程？

我开始工作的仪式通常包括在早晨去办公室之前喝杯咖啡，午餐后喝杯绿茶。我通常至少要读一读我在上一节或当天写的东西，看看我是否还喜欢，再进行编辑，然后继续写。只要你能把这些活动仪式化，它们就可以帮助你实现你所需要的专注，以更快地进入深度工作。

工作多长时间。如果可以的话，我建议一节时长至少 90 分钟，因为这个时长能让你进入心流状态，而对大多数人来说，在大约 90 分钟到两个小时之后，注意力就开始不集中了。你可能想设立休息时间，也许还想计划几个小讨论。许多人都幻想着马拉松式的写作时间，但这样真的不会产生一个好的作品。一段时间后，写作质量就会急剧下降。想想你收到的学生在截止日期前熬了一整夜才交出的所有蹩脚的论文吧。卡尔·纽波特引用的研究表明，人很难真正保持每天超过 4 个小时的创造力和注意力。如果你有时间，特别是如果你使用双模式方法，我建议你确定几个写作时间段，每段中间留一段休息时间。例如，理想情况下我更喜欢在早晨写几个小时，比如从 9 点到 11 点，然后休息一下，去遛狗，和萨拉吃午饭，然后写几个小时，再把注意力转移到其他事情上。请记住，这只是写作的“写作”部分；所有其他相关活动（阅读、思考、谈话、绘图和处理数据）可以占据你工作日的其他时间。

你可能还想考虑为一个特定的目标而非一个特定的时期而努力。几乎所有对写作生产力发表过意见的人都主张设定写作目标。瞄准每天特定的字数或页数是一种选择。金在他的书中说，他的目标是每天写 2000 个英文单词左右，不过我也听他在访谈中说他每天要写 4 个小时。西尔维娅还建议创建一个待办事项清单，专注于完成一个特定的部分，或设定在特定时间内写多少个字的目标，比如 25 分钟[1]。设定目标会产生一种进步和成就感，并帮助你弄清楚一天中什么时候该停下来。不过，不要过于迷恋某个特定的目标。如果你需要花一些时间画画、阅读或思考，就去做，不要担心错过当天的写作字数。

停止工作。弄清楚如何停止工作也很重要，无论是对一个特定的会议还是对一个项目，都是如此。停止工作可能只是因为你达

---

1 这些有时被称为番茄(pomodoros)，以老式的厨房计时器命名。厨房的计时器看起来像番茄，用来为这些会议计时。(Silvia, 2018)

到了时间限制、字数或页数的目标，或完成了期望的部分，或完成了待办事项清单。你可能还想制定一些停止的仪式，向自己发出信号，表示你已经完成了这一环节，例如保存并关闭文件，关闭你的计算机，把你用过的东西都收起来，打开门，或其他一些标志着完成的动作行为。何时停止写文章的工作并将其发送给合著者或期刊，可能更具挑战性。重要的是要弄清楚如何让自己停止修修补补，把写的东西送出去。完美主义可能是敌人。有一个选择是设定一个最后期限，如果你搞不定自己设定最后期限，那就请别人来为你设定期限。迈克 · 普拉特在 projectscrib.org 上接受采访时说，当论文写到了只能“移动逗号”的地步时，就是该把它送出去的时候了。(Pratt interview, posted April 24th, 2016) 你也可以建立一个惯例，比如当你认为论文已经准备好了，你就把它放置三天或一个星期，用新的眼光再读一遍，然后提交，无一例外。

我没有一个特别的结束仪式。一旦我的时间用完了，或者完成了我想在一天内完成的事情，我通常就停止写作。我甚至不会关掉我的计算机，我只是让它最终进入睡眠模式。在项目层面上，我会为我想完成的工作设定目标，并和我的合著者一起设定向其发送文件的日期，这样承诺是公开的，他们也会遵循它。当我读完我的论文而没有做太多的文字编辑时，我就准备把它寄给期刊。在发送文稿的事情上我没有问题，我的倾向是尽早地把东西送出去。这就是合著者可以提供帮助的地方，我们将在第十章讨论。

在这一章中，我描述了将写作过程分解为不连续的阶段。我还讨论了如何在你拥有——或者挤出——的写作时间里提高效率。正如我多次说过的，写作没有一个最好的时间安排方法；如果它对你有用，就去做。而最有效的方法可能会随着你的生活和工作环境的变化而改变。关键是认识到某些事情何时有效，何时无效，并在必要时做出改变。在写这一章时，我也谈到了写作过程在很大程度上是一种孤独的行为。虽然有一部分是独著，但其他部分涉及与合著者合作，这一点我接下来会讨论。

第十章 合著相关

The co-authoring process

学术写作是矛盾的，因为它既是孤独的，又是高度社会的。除了少数例外，当你实际写作时，你是独自完成的；同时，你也有合著者，你与他们一起展开你的想法，分担写作任务，并且他们编辑你的作品，就像你编辑他们的作品一样。不同领域的合著的频率和数量差别很大。有些领域，如历史，仍然主要是独著，而自然科学文章可以有几十个作者。

刘成伟、克里斯托弗·奥利沃拉（Christopher Olivola）和鲍拉日·科瓦奇（Balázs Kovács）探讨了不同社会科学学科和管理学不同子领域内的合著趋势。他们进行了一项调查，以确定作者的合著偏好。他们发现，在过去 30 年里，在他们研究的所有社会科学领域（经济学、心理学、政治学、社会学和管理学）中，作者的数量都有所增加。虽然在 2012 年研究结束时，心理学的每篇文章的平均作者数量最高（2.3），但他们预测管理学（2.2）将在 2020 年超过心理学。政治学的平均作者数量最低（1.4）。他们还观察到管理学的所有子领域（创业学、人力资源学、组织行为学、组织理论和管理科学）的作者数量也在增加。创业学（2.6）和组织行为学（2.5）的平均作者数量最多，而且轨迹最陡峭。人力资源学（1.8）的平均值最低。因此，尽管各领域之间存在一些差异，但合著的情况越来越普遍。

我看了看我个人的统计数字；在我目前发表的文章和书籍章节中，2%是独著，33%有两位作者，43%有三位作者，22%有四位作者。我也有一篇工作论文有 5 位作者，还有一篇有 6 位作者。总的来说，包括工作论文在内，我与 57 个不同的人合作 1 到 8 次。这本书只是我的第二部独著作品。合著可以使你更有效率，幸运的是我的绝大部分经验都是积极的。然而，我也知道许多合著的恐怖故事，包括搭便车、关系永久受损、作者离开论文后又攻击他们以前的合著者，甚至因伪造数据而被撤稿[1]。在本章中，我将讨论合著的利与弊、不同类型的合著合作、与合著者一起写作的机制，以及邀请合著者、与之合作和放弃合著者的过程。

合著利与弊：如何引导利大于弊

合著的利。与合著者合作有很多好处。对我来说，最大的好处是我可以和朋友们一起工作，并从中获得乐趣。另一个好处是，你可以学到新的东西。你的合著者需要分享一些共同的兴趣和理解，但他们最好也有你不具备的互补技能。他们可以让你接触到新的文献、方法技术和思维方式，从而提高你的能力。同时，你们可以利用对方的技能来专注于自己最擅长的事情。好的合著者会相互影响，产生卓越的洞察力。合著者一起产生的作品比任何一个人单独

1 请参见http://retractionwatch.com，了解所有最新被撤回的文章。

产生的作品都要好。一个相关的好处是生产力的提高，因为合著者与你分担工作量，这使你能够撰写更多数量和形式的文章。

合著也可以提高你完成工作的积极性，因为你知道其他人在等待并指望你完成自己的任务。对于与博士生合作的更资深学者和面临职业决定期限的初级学者来说，这一点尤其适用。你不希望让他们失望或拖他们后腿。一个相关的好处是，合著让资深学者有机会指导并与更多的初级学者分享他们的知识，这可能是内在动机（至少对我们中的一些人来说）。它还为初级学者提供了向高级学者学习如何有效地开展和展示研究，以及如何在审稿程序中游刃有余地操作的机会。合著者还可以使你不至于过早地将论文发出去，或者在你拖延时拽一把，这取决于你的倾向性。

合著也提供了一些有重要作用的好处。它可以提供对数据的访问，而不需要自己花费精力去开发数据集。如果你没有博士生或研究助理，但你的合著者有的话，他可以为你提供必要的劳动力来收集和编码数据。有一个知名的合著者可以提高你的研究可见度，因为你的合著者发表的任何东西都更有可能被阅读和引用。（Merton, 1968）最后，合著可以提高你发表论文的概率。在大多数情况下，有经验的合著者知道如何避免经验不足的作者所犯的许多错误（我在第十一章中讨论了其中的一些问题），他们的成功记录也可以降低编辑们对他们能力的不确定性。因此，他们可能更愿意将稀缺的期刊资源投入他们的投稿中——比如给他们指派更好的审稿人——或者给他们一个修改和重投论文的机会，因为编辑更相信他们有技巧和经验来成功地完成它。我们不能保证这两件事都会发生，但概率会更高。

合著的弊。尽管合著有许多好处，但也有成本。即使在一个运作良好的关系中，合著也会增加协调成本，而且合著者越多，这些成本可能就会更高。完成一篇论文需要整个作者团队同时关注这个项目，而时间安排可能会因为各种原因而变化，如合著者在不同的学期授课、服务义务、其他合著者委托，以及对项目的兴趣和承诺的不同程度。如果这个项目对任何一个合著者来说都不是最重要的，那么其就不太可能有进展。我曾经有一些项目花了十多年时间才完成，因为该研究不是任何人的首要任务。需要有人担起任务，并使团队集中精力。如果你正面临着就业问题或者正处于任期内，一个有其他优先事项而拖累了你的进展的合著者会损害你的职业生涯。你将不得不做出一些艰难的决定，决定在这些项目上投入多少精力，是继续推动这些项目但收效甚微，还是将你的注意力集中在其他地方，直到你的合著者已经准备好在项目上工作并推动其发展。

我讨论的大多数好处是在一切顺利的情况下发生的；然而，项目并不总是那么顺利。在这种情况下，合著不是利用彼此的技能，而是可能会有一个搭便车的合著者，受益于你的辛勤工作而不做出同等贡献。团队内部的权力动态也可能成为问题，一些作者可能不敢在更高级别的同事面前畅所欲言，特别是如果他们在同一个部门。如果你没有在早期进行明确的讨论，后面也可能会出现关于作者顺序或谁拥有数据的争议。如果你有一个行为不道德的合著者，例如做出伪造数据或结果的事，也会损害你的声誉。所有这些结果都会结束人际关系和友谊，最坏的情况可能是使人们失去工作。

从谁更起作用的层面上来说，虽然有一个知名的合著者可以带来许多好处，但它也会影响内部和外部的功劳归属。就内部而言，资深合著者可能无法认识到低级别合著者的贡献，忘记谁提出了什么建议，或者项目是如何开展的，并（有意或无意地）拿走比他们应得的更多的荣誉。同时，低级别合著者可能错误地将时间等同于贡献——即使最耗费时间的活动也不是附加值最高的活动——而变得怨恨或要求得到比他们应得的更多的荣誉。从外部来说，由于马太效应（Matthew effect）（Merton, 1968）——以《马太福音》中暗示富者愈富的经文命名，罗伯特·默顿（Robert Merton）用它来描述高地位带来的好处——最著名的作者最有可能被归于该研究的最大功劳，不管他们的实际贡献或作者顺序如何。最后，如果你不是一篇有三个或更多作者的论文的第一作者，那么在第一次使用参考文献后便使用"等人"而不是列出所有作者的名字的惯例会让其他作者的受关注度降低。尽管有这些局限，如果合著过程管理得好，一般来说是利大于弊的。在下一节中，我将讨论不同类型的合作关系，以及它们如何影响写作过程。

四种合作关系类型：平权的、功利的、辅导的、指导的

刘成伟和其同事发现，在他们调查的学者中，48%的学者喜欢与同行合著；在其他52%的人中，大多数人喜欢与资深而非初级

同事合作。然而，他们的分析也显示，高级学者更喜欢与初级学者合作。在我的57位合作者中，在合作当时，32%的人是博士生，25%的人是资历较浅的同事，30%是同行，13%是比我资历深的人。

倾向于与资历较浅、同行或资深的同事合著可以导致不同类型的合作。在“如果我是第一作者：处理学术中的荣誉冲突”的研究中，史蒂夫·弗洛伊德（Steve Floyd）、迪安·施罗德（Dale Finn）和戴尔·芬恩（Dean Schroeder）从他们的调查数据的定性部分归纳出一种合著类型体系。这一体系专注于两个维度：（1）合作的动机是为了建立社会关系还是为了提高生产力？（2）合著者之间的权力平衡是平等还是不平等——由此产生四种类型的合作：平权的（社会性的，权力平等）、功利的（生产力，权力平等）、辅导的（社会性的，不平等的权力）以及指导的（生产力，不平等的权力）。虽然他们关注的是合作类型如何影响作者顺序（这一点我将在后面讲述），但他们也会影响合著的方式。

平权的合作。平权的合作是信任的、平等的关系，在这种关系中，没有人寻求主宰。因此，这种关系也最有可能导致亚当·格兰特和我所称的“无情改写”（Grant & Pollock, 2011）——基于我们调查的一位获奖作者的一句话。无情改写意味着你不会对你的合著者表示过分的尊重，也不会对他们写的东西犹豫不决。恰恰相反，如果你试图让对方的作品变得更好，你就要表现出“少许怜悯和极大的信任”（Grant & Pollock, 2011: 875）。每位作者可能负责起草稿件的不同部分，但所有作者都会修改整篇论文，频繁传阅稿件，改写他们认为不可行或需要澄清的地方。当然，最好是在修改之前或之后就马上讨论这些修改。

尽管看到自己花了很多时间写的东西被删除或被大幅改写会痛苦，但如果你信任合著者的意图，你就会对他们的修改持更开放的态度，也会对他们的修改进行评估，评估他们的修改是否改善了稿件，或者哪些部分改善了稿件。我的长期合著者维奥莉娜·林多娃和我一直都是搭档，并且总是无情地改写对方的稿件。我们都很直率和直接，所以我们的讨论变得很有趣，但我们彼此信任和尊重，我们总是能解决一些问题（即使需要把对方删除的东西重新插入几次），而最终的产品比我们单独写出的都要好。

功利的合作。功利的合作也是平等主义的，但是以生产力为基础；因此，尽管它们可能导致无情的重写，但这种可能性比较小。原因有二：首先，合作的重点在于相对贡献。如果你删除或改写你的合著者所做的一切，他们的贡献就会显得很小，他们就会抵制你的修改。在这些关系中，冲突可能会更快地出现，因为合作并不是建立在深厚的社会纽带之上。为了避免冲突，相互改写往往只是对语法和标点符号进行润色；第二，鉴于合作的存在是为了提高生产力，并通过分配给每位合著者特定的角色来发挥他们的优势，所以每位合著者都会专注于他们商定的部分，除非他们的角色之一是“作者”，将整篇论文整合在一起，否则他们不太可能改写其他人的部分。理想情况下，论文应该只有一个声音，而且听起来像是由一个人写的。由于合著者在功利的合作中拥有平等的权利，因此指定合著者担任“作者”的角色，即使他们不是第一作者，也可以帮助论文创造一个统一的声音，避免胆怯的重写。

辅导的合作。辅导合作是信任的，但它们更仁慈，而不是平等主义，因为权力平衡是不平等的。资深的合著者寻求机会，以帮助初级合著者推动职业发展以及掌握开展和发表研究的方法。作为回报，初级合著者要做大部分收集和分析数据的工作。尽管他们相互信任，但由于他们的权力不对等，资深合著者会毫无顾忌地无情地改写低级合著者的稿件，但低级合著者可能不愿意改写他们的高级合著者的作品。因此，尽管手稿是定期来回传递的，所有作者都有可能改写论文的所有部分，但资深作者会成为最终作品中意见占主导地位的作者。我与博士生的合作往往采取这种形式。我的目标是教导和帮助他们，所以我鼓励他们通过一开始就撰写论文的所有部分来学习写作，但我会对所有的部分进行改写。

指导的合作。最后，由于指导性合作是由相对贡献和不平等的权力驱动的，第一作者负责主持。因此，它们最不可能涉及相互间的无情改写。不同于“指导者”会毫不犹豫地改写其他人的作品，作者之间的纽带是尊重，但不一定是社会动机所带来的信任，而且不平等的权力使合著者更难改写第一作者的作品。事实上，第一作者可能会做大部分的写作，特别是前端和讨论部分。请记住，正如弗洛伊德和他的同事所承认的那样，这些是“纯粹类型”。合著关系往往是混合型的，反映出多种合作类型的各个方面。

两种合著机制：传递论文、同时合著

传递论文。最常见的改写方式是作者传阅稿件的某个版本，各

自进行编辑和 / 或添加评论让合著者处理。这些编辑回合经常会被定期的会议所打断，有时是面对面的，有时是电话或视频会议。我更倾向于让每个人都使用修订功能，这样我们就可以很容易地看到对方所做的修改。我也会大量使用批注功能。我有一个同事，他喜欢把批注放在正文的括号里，并且有一个对文本进行颜色编码的系统，用不同颜色的突出显示来表示不同的事情。我觉得这有点儿难读，因为它使文本变得混乱；但你需要灵活对待你的合著者，努力适应他们的怪癖，就像他们适应你的怪癖一样。你越灵活，就越容易与各种各样的人合著。在不平等的关系中，更灵活的责任也倾向于落在权力较小的合著者身上。

不过，不是每个人都喜欢追踪他们的修改变化。组织学者玛莎·费尔德曼（Martha Feldman）在 projectscrib.org 与夏洛特·克卢捷（Feldman interview, posted November 10th, 2014）做采访时说她不喜欢使用修订，因为感觉这会让人们对自己所写的东西过于投入，而不是真正地创造一个合作的作品。出于同样的原因，她也更喜欢每个人都写论文的每一部分，而不是把具体的部分分给不同的合著者。我很欣赏她的想法，但不使用修订是一个让我发疯的行为。如果我不喜欢某个改动，或者想把一些旧的文字放到其他地方，我不想停下来在旧版本中寻找它。你可以采用她的观点，同时还能追踪变化，正如我所做的那样，但这意味着压抑你的自我。在以社会纽带为动力的合作中，这一点更容易做到，因为合著者之间的信任度更高。

同时合著。一些学者也喜欢坐下来和他们的合著者一起写作，或者屏幕对屏幕。组织理论家纳尔逊·菲利普斯（Nelson Phillips）在与夏洛特·克卢捷的访谈中讨论了这种方法。菲利普斯说：

> 我没有能力独自工作，琢磨想法和写作都是一种非常社交性的活动。很多时候我和我的合著者会在同一个房间里一起写作。因此，我会去拜访某位同事，然后我们会花5天时间坐在他的书房里写作。或者另一位同事会来伦敦，我们会花12个小时坐在我的公寓里写作。

他继续解释道：

> 我们开始做的实际技术方法可能是通过电话或Skype进行相当长的详细讨论，我们经常使用像谷歌文档（Google Docs）一样的办公软件，所以我们可以同时看到文件，然后开始勾勒出一些部分和片段。理想的情况是，我们写一点儿东西，把它们合并起来，然后进行一次长时间的讨论，逐个阅读和讨论通过每个部分。如果我可以去对方所在的地方，我们会在一起待上几天，并尝试真正地组织论点，并把要点写下来，再写上一堆文字，然后我们回到Skyping。（Phillips interview, posted March 8th, 2013）

在一次采访中，纳尔逊的合著者汤姆·劳伦斯（Tom Lawrence）阐述：

> 如果你在打字，这意味着另一个人在口述……但你不会写我口述的内容，你会一边写一边改编它。(Lawrence interview, posted July 31st, 2013)

菲利普斯所说的两种方式我和合著者都用过。我和维奥莉娜·林多娃的早期合作方式是我们中的一个人去拜访另一个人，并坐在一起解决问题，也经常在计算机前聊天和打字。我们总是在很短的时间内完成大量的工作。如果你在完成论文方面有困难，这种方法可能有助于推动论文的进展。你们也可以在会议上挤出时间，偷偷溜走，一起工作。

我最早体验到同时合著是作为博士生的时候。我的导师乔·波拉克住在芝加哥，因为他的妻子在那里的广告公司工作，而他则通勤到尚佩恩来教书。因此，他经常在芝加哥，而我则在尚佩恩。那是20世纪90年代中期，今天的许多在线会议技术在当时还不存在。然而，乔有一个叫 Laplink 的程序，他可以从芝加哥用拨号调制解调器拨入他在尚佩恩的计算机，然后我们可以共享一个屏幕。在他打字的时候，我们在电话里交谈（他不得不在办公室安装第二条电话线）。我可以控制鼠标和打字，而他可以把控制权收回来。我学习写学术论文的方法，就是通过观察乔写作和实时思考论点的方式。虽然这是迄今为止我合作的效率最低的方式，但它也是我获得的最丰富的学习经验。

无论你选择何种方式与你的合著者合作，确保你公开地讨论这个过程和你的偏好，但要灵活地适应你的合著者的偏好和怪癖。你会发现你和一些人非常投缘；而对于另一些人，你只会和他们合作一次。关键是要意识到自己的偏好，并在开始合作时谈论这些偏好。

合著团队管理：如何创造积极的合著经验

邀请合著者。你可以在写作过程的任何阶段增加合著者，而不是仅仅在开始的时候。我曾在收到修改和重投的要求后将合著者添加到论文中，我也曾在这个阶段被添加到论文中。作为一名《美国管理学会学报》的编辑，我处理过一篇论文，在最初提交时有两个作者，第二次修改重新提交时有四位作者。无论何时增加合著者，在发出邀请前要确保现有合著者同意。还应确保澄清角色，以便他们知道你希望他们做出什么贡献。

邀请某人与你共同撰写论文有两个主要原因：（1）他们可以提供一些东西，不管是分析或理论方面的技能和专业知识，还是获取数据；（2）他们是你喜欢的且希望与其一起做项目的人。有时，是为一段合作关系寻找项目，而有时是为一个项目寻找合作者。不过，最好的合作是同时满足这两个标准。仅仅因为某个人很知名就发出合作邀请，这是一个糟糕的理由。如果他们只是把自己的名字带到项目中，而没有其他的贡献，那就不可能有好结果。另一个糟糕的理由是帮助某人装点简历，或者试图通过把对方加入到你们所有的论文来相互装点简历。除了不道德之外，这也不会产生一个非常强大或可靠的记录。如果只有你们两个人，这不会有利于任何生产力的提高；如果有其他的合著者，他们对增加一个只是累赘的合著者的反应也不会太好。

如果有人邀请你加入他们的论文，而你不认识他们，或者不确定他们的情况，你也可以进行“背景调查”。看一下他们发表作品的记录。如果他们从不与同一个人合著两次，或者只与比他们学术资格低级的人合著，那可能是有原因的。我自己进行背景调查时，也会与该人的合著人交谈，以了解他们在接受该人的邀请之前的经历是怎样的。

在发出邀请时，我通常会问潜在的合著者是否有兴趣加入这个项目，并明确表示，如果他们没有时间或兴趣，也完全没关系，因为我不想让他们感到有压力。取决于项目所处的阶段，我可能在得到他们的友好评论之后或者在一次良好的谈话之后发出邀请。如果是一个进展中的项目，我可能会把当前版本发给他们阅读，但我总是先与他们交谈。我会避免突然发送一个邮件，说：“嘿，你想加入这篇论文吗？”

区分助理和合著者也很重要。虽然研究生合著者也可以作为助教的一部分为他们在项目中的劳动获得报酬，但如果他们只从事有报酬的工作，而且一旦停止领取报酬就不再继续参与，那么我就不认为他们应该成为作者。（尽管你应该在早期就明确这一点，并在致谢中感谢他们的帮助）如果他们得到了报酬，也会继续参与，那么他们就应该获得作者资格。如果他们参与了所有写作，那么他们就应该获得作者资格。虽然我更愿意看到作者能够参与整个过程，但是，如果一个人因为做了一些特定的事情而被承诺获得作者资格，并且他确实做了这些事，那么他就应该得到作者资格。最后一种尴尬的情况是，这个人不是学者，或者正在退出学术界，如果他不想继续参与，而他又没有被承诺为某项具体的可交付成果的作者，那么他没有获得作者资格可能是合理的。不过，一定要与对方讨论这个问题。

基于学位论文的论文是一个重要的特例。一方面，新入行的学者可以在此建立独立的身份，并通过独自撰写稿件来证明自己的能力，这在申请终身职位时非常重要。同时，虽然这因人和领域而异，但学位论文导师可能希望成为从学位论文来的论文的合著者，以示对他们所付出的大量时间和精力的承认（假设他们的工作做得好）。理想情况下，你将会编排你的论文，使其产生不止一篇论文。如果有的话，你和你的导师应该尽早讨论他们将成为哪篇论文的合著者。最好的和最简单的行动方案通常是向他们提供论文的作者资格；他们可以拒绝。我一般会把“主要”的经验性论文留给我的学生，除非他们希望我加入该论文。如果你的论文导师作为合著者加入了论文，他们应该在整个过程中都是积极的合著者。

作者顺序。你的合著小组需要做出的第一个重要决定是作者的顺序将是什么。讨论这个问题很重要，以防每个人都有相同的期望。正如我要讨论的那样，作者顺序可以随时重新协商。合著小组可以使用各种方法来分配作者的顺序。在某些领域，如金融和会计，通常的做法是按字母顺序列出作者。在其他领域，如管理学、社会学和心理学，作者顺序大概反映了相对的贡献，并被用来评估作者在晋升和任期决定中可能持有的思想领导力。

然而，什么样的活动算作“较大”的贡献，这往往是一个完整的单独谈判，而且可能因项目而异。它是指花费最多精力、最多时间、需要最多专业知识或对推进项目来说最关键的部分？这可能因项目而异，而不同的人可能有不同的算法。例如，美国心理学会公布了一个“作者身份确定记分卡”[1]。他们提供了17种不同活动的权重，作者团队可以用这些权重来确定作者的顺序。虽然我个人不会让别人来决定不同活动的权重，但它可以作为一个讨论的起点，而且它强调你可以采用一个合理的系统来确定作者身份。这对于功利的和指导的合作特别有用。

有些时候，你可能想考虑其他因素或方法。例如，如果论文是由学生驱动的（第二年的工作底稿或以学位论文为基础的论文），那么学生就应该成为第一作者，不管他们的导师做了多少改写工作。资深学者在辅导合作的其他类型合作中的作者排序经常很靠后，为的是帮助他们的初级合著者建立职业生涯。更多平等的合著者团队可能要考虑平等的作者身份，也许按字母顺序列出作者，并在脚注中注明两位作者贡献相同。总的来说，我有一半的合著者是平等的。如果你在不同论文中与同一个人合著，你可以轮流使用作者顺序。这是维奥莉娜和我应对我们的大部分论文的方法。鉴于我们的工作方式，分析出相对贡献并没有什么意义。我知道其他的合著二人组也采用了同样的方法。如果你和相同的合著者一起撰写多篇论文，你也应该考虑讨论不同论文的作者顺序。调换一下顺序，

1 参见https://www.apa.org/science/leadership/students/authorship-determination-scorecard.pdf。

使同一个人不总是在第一或最后。

最后，正如你可以在过程的任何阶段增加共同作者一样，你也可以重新商议和改变作者的顺序。合著者的贡献可能会随着时间的推移和项目的发展而改变，因其他事情的出现而导致不同的合著者承担更大或更小的角色，或者你可能发现需要新的技能，从而有必要增加另一位作者，你将不得不协商他们在作者顺序中的位置。我有一个项目，一位合著者和我找了一位新的第三作者来帮助处理数据问题，这位新的合著者带来了他的博士生，由于他的贡献，这个学生最终成为第一作者。我曾数次降低自己在作者中的地位，以承认别人的贡献。我也曾在很晚的时候被加入一些项目中，但因为我从根本上改变了论文成果而作者排序靠前。这一切都视具体情况而定。要对改变作者顺序持开放态度，并定期重新评估它。

与合著者合作。除了协商作者顺序外，如果你正在进行一项经验研究，讨论谁拥有或有权使用你收集的数据进行发表也很重要。如果一位或多位合著者支付了数据费用，或支付了研究助理的费用来收集数据，他们可能就是数据的所有者。如果是学生主导的项目，学生通常拥有所有权。但如果他们的导师参与了数据的收集，他们可能也有一些权力。如果合著者在收集数据时得到了报酬——例如，作为助教的一部分，他们可能有也可能没有所有权，即使他们做了所有的工作，这取决于你们谈判的结果。你还需要确定是否所有对数据有某种所有权利益的人都被自动纳入使用该数据的所有项目中，是否有优先参与的权利但不能自动获得作者资格，或者每位作者都可以为达到自己的目的而使用数据。只要你同意就行，但要尽早讨论，并且不要因为你的合著者可能不同意你的想法而做出不明确的假设。

公开交流是与合著者有效合作的关键。如果每个人都知道谁负责什么，以及是否由其中一位合著者（不一定是第一作者）承担项目经理的责任，这是会有帮助的。项目经理使事情不断向前推进，安排会议并跟踪时间表。项目经理可以在整个过程中由同一个人担任，也可以轮流担任。但一般来说，有一个人负责指挥让项目进展得更快，而不是每个人都在等待别人做什么。我的合著团队总是讨论时间表，并且确保我们都知道不同的人什么时候可以或不可以在项目上工作。定期见面很有帮助，不论是网络会面或者是面对面，特别是临近重要节点时。如果你分成小队来完成特定任务，请确保你让每个人都了解正在发生的事情。如果你发现需要做出重大改变，那么在做出改变之前要与团队讨论。

最后，如果有问题，不要让它们发酵；如果有纠纷，谈论它，但要在现场进行，而不是通过电子邮件。电子邮件是制造矛盾的最好方式，会使问题变得更糟。尽量避免对合著者“拉帮结派”，让他们觉得自己是个怪人。如果你的一位合著者没有履行承诺，与其假设原因并进行指责，不如找出实际原因。可能他的生活中发生了一些你不知道的事情。也可能是一位团队成员将不得不充当不和的合著者之间的中间人的角色，以完成该项目。

放弃一个合著者。尽管你尽了最大努力，但有时事情就是进展不顺利，一位合著者需要离开。这是很棘手的。最好的也是最简单的是他们不再想参与项目并自愿离开。如果他们不想自愿离开，一个选择是让他们成为最后一名作者，但要求他们不再参与项目。他们仍然可以在其简历中列出该出版物，并在年度评估中获得该出版物的荣誉——这可能是他们最关心的问题。这与我之前讨论的有些相悖，但这是一个相对无成本的解决方案，可以终结压力和怨恨。作为他们离开这个项目的条件，你也可以考虑同意让他们为达到自己的目的而使用这些数据。如果他们没有贡献，或者你认为他们想做的事情是错误的，放弃与他们合著也是相对没有成本的，因为他们使用这些数据发表任何东西的可能性很低。最后，要准备好为你的决定向编辑或其他人辩解，尤其是在审稿过程中发生这种情况时。如果你与合著者之间有问题，要留下书面记录。保存所有的往来电子邮件通信，记录面对面的会议并在后续的电子邮件中说明会议内容。这可能很难看，但最好让事实站在你这边。我碰见过这种情况，而且我从来没有停止过惊讶：有些人的行为是这么的糟糕。

即使你们一起完成了这个项目，你也需要决定是否愿意在未来的项目中再次与合著者合作。我只遇到过几位我不想再与之合著的合著者。如果我喜欢和这个人一起工作，他尽了自己的责任，并且进行了沟通，那么我就愿意再次与之合作；如果他造成了负面影响，没有兑现他的承诺，或者我觉得所有的重活都是我在做，那么我就不太可能再次与之合作。

在这愉快的时刻，我将结束这一章。理解与合著者合作的规范和动态，可能会让不了解情况的人感到困惑。我认识的大多数人都有合著斗争的故事。如果你清楚地知道你在和谁打交道，并遵循我所建议的步骤，你的积极经验应该远远超过你所遇到的困难。

第十一章 应对评议

Navigating the review process

我做了一个粗略的统计，到目前为止，我已经收到了大约 440 份对我提交的期刊论文的评议，并写了大约 120 封回复信。如果加上友好评论、编辑来信、对书中章节的反馈和会议提交的评议，评议的数量可能会增加 50%。我已经写了大约 300 篇期刊评议（如果加上友好评议、会议论文评议和论文竞赛评议，这个数字又增加了一半左右）和 280 多封编辑决定信。作为一名编辑和审稿人，我还读过 2000 多篇对他人工作的评议和 300 多封回复信。我可以毫不含糊地说，我的文章都因为经过了同行评议过程而有所提高，我作为审稿人或编辑参与的所有被接收的文章也是如此。这个系统本质上是主观的，远非完美，但它比任何可供选择的方法都要好，因为它可以找出问题，确保质量和改进稿件。它还需要厚脸皮、坚忍不拔的精神、读懂字里行间的能力、信心和大量的情绪控制。

审稿人的工作是评议你的工作，确保它符合该期刊的严谨性、重要性和趣味性的标准。你的工作是让他们相信这些东西。这就是为什么你的写作和解释要清晰、完整及透明，你要让审稿人喜欢和信任你，即使他们不知道你是谁。然而，这还不够。我见过许多有希望的论文被拒绝，因为作者在评议过程中犯了错误。

在这一章中，我将解释如何把握期刊评议过程。我先讲述情绪控制，然后讨论与初次投稿有关的两个问题——选择期刊投稿和从拒稿中学习。在本章的其余部分，我讨论了你在收到修改并重投的邀请的欢欣时刻，如何应对修改过程。

最大挑战：做好情绪管理

评议过程中最大的挑战是管理你的情绪，特别是像愤怒和烦恼这样的负面情绪。在收到负面反馈时——在审稿意见和评议中占到95%——这些情绪是很自然的。体验这些情绪并在你的亲密圈子里发泄是可以的。我有时会被我收到的评论所激怒，并向我的合著者咆哮，甚至在得到一个修改和重投的机会时也是这样。但是，你需要克服它，把负面情绪放在一边，并开始工作。你不能让情绪影响你对审稿人的回应，也不能让情绪影响你对被拒论文的修改和将其重新送审的工作。

你在读到一页又一页的负面评论时很容易忘记的一点是，编辑和审稿人总的来说是想帮助你改进你的稿件。因此，冷却期是整个过程中极为重要的一部分。无论消息是好是坏，你都要把审稿意见放在一边，至少一个星期更加冷静后再回来看，要用更冷静的眼光看待编辑和审稿人提出的问题（在有条件接收后除外——立即着手处理那些问题）。不过，不要让审稿意见和文件放置太长时间。你更有可能会失去雄心壮志，特别是如果它是一个拒绝或一个困难的修改和重投，而编辑和审稿人的兴趣也可能会减弱。你也可能被另一项研究占据着精力。当你修改论文时，无论是重投还是寄给另一家期刊社，你都要沉着应对，一点儿一点儿地进行，以免情绪回升并压垮你。

初次投稿：资深编辑的一般经验法则

选择期刊

当你准备向期刊投稿时，你需要决定把文章送到哪里。你在做选择时，重要的是要了解刊物差异，以及哪些期刊最适合你的文章。以下是一些重要的考虑因素。

综合（大帐篷）与特定领域。有些期刊是“大帐篷”期刊，会考虑接收学术领域内的任何方法或主题领域的文章。其他期刊则更有针对性，只接收有关某些现象或主题，或关注特定分析层次的文章。大帐篷期刊［在我的管理学领域，包括《美国管理学会学报》《管理学会评论》和《管理学报》（*Journal of Management*）等杂志］始终是安全的选择，因为一切话题都在它们的范围之下，但它们的数量并不多。其他期刊可能也相对宽泛，但只考虑特定分析层次的文章。我所在领域的例子包括《管理科学季刊》和《组织科学》（*Organization Science*），这两种杂志都需要一些组织层面或更高层面的研究，而不是严格关注个人层面的研究。如果你将论文寄给特定领域的期刊［在管理学领域，这些期刊包括《商业冒险》（创业）、《人事心理学》（人力资源）和《战略管理期刊》（战略）等］，你需要确保你的文章确实符合该期刊的领域，并有助于那个领域的对话，或者能够开启一个新的对话，让读者觉得有趣。

只有实证、只有理论或实证和理论混合。请确保该期刊接收你所写文章的类型。这是最基本的，但你会惊讶地发现，人们经常把这一点搞砸。有些期刊既接收实证论文，也接受理论论文。但许多期刊只接收实证研究，还有少数期刊，如《管理学会评论》，只接受理论研究。如果你搞不明白，可以阅读领域声明和查看最近的刊物。沿着这些线索，尝试评估该期刊是否发表过和你所使用的方法相同的文章，或者如果是新的方法论，至少有可能对其开放。虽然刊物很少明确地说因为你用了另外一个方法而不能发表你的论文，但阅读几期期刊并与其他人交谈后，就能清楚地知道该期刊是否具有处理某些方法论的专业知识或意愿。

强调理论或实证上的贡献。一些期刊重视理论贡献，而另一些期刊则更注重实证贡献。例如，在管理学领域中，《管理科学季刊》可能最重视理论上的重大贡献（尽管如此，实证研究也必须非常强大），而像《心理科学》（*Psychological Science*）和《管理学会发现》（*Academy of Management Discoveries*）这样的期刊则明确地将重点放在有趣的实证贡献上，而不强调理论。其他大多数期刊则处于这两个极端之间。请确保你所提交的期刊和你的研究贡献相适合。

在你的学术领域之外发表文章。你也可能有一项研究跨越学科界限，或真正在你的主学术领域之外。例如，管理学学者有时会在相邻的学科，如心理学、社会学、经济学、市场营销学和传播学的刊物上发表文章。一些营销学学者会在管理学期刊上发表文章，还有一种情况，虽然比较少见，但我见过会计学学者在管理学期刊上发表文章，管理学学者在金融期刊上发表文章。请认识到，尽管不同的学科有一些共同的理论基础，但不同领域的出版规范和期望值有很大的不同。例如，由于我做的是关于 IPO 的研究，我偶尔也会评议一些明显是为金融期刊而写但显然没有被接收的文章，所以作者们认为他们可以在管理学期刊上试试，即便从未读过或引用过一篇关于 IPO 的管理类文章。如果你试图在你的学科之外发表文章，我强烈建议你找一个本学科“土生土长”的合著者，他能帮助指导你的研究，使其符合该学科的规范。阅读一些该领域的文章，并引用它们。

初次投稿的一般经验法则

在向期刊发送文章之前：

- 确保你的论文结构符合期刊的长度要求。有些期刊如果文章太长，甚至不会被送审。
- 符合期刊对理论或经验的强调。如果该期刊是注重经验的，理论部分就要简短；如果是重理论的期刊，你要确保有多个理论段落。
- 查看该期刊的论文写作规范（结构、假设的使用等），确保你的结构符合该期刊的规范。
- 考虑你的论文是否符合该期刊正在进行的对话风格。如果你没有引用过在该期刊的领域里发表的任何研究，这就是错误的渠道。

- 评估你的风格与该期刊是否相符。比较一下,你的思维和写作方式可能很自然地更适合某些期刊的风格和侧重点。我在某些期刊上发表文章肯定比其他期刊更成功,彼此风格相符至少是部分原因。如果你的文章与期刊上的文章不大相同,而且看起来也很牵强,那么该期刊可能就不是正确的渠道。

从拒稿中学习

拒稿很糟糕。再怎么看都是这样。然而，拒稿也提供了学习和改进稿件的机会，以便在另一期刊上发表。例如，在我职业生涯早期，审稿人建议我和我的合著者将被他们拒绝的一篇论文分成两篇。我们这样做了，其中一篇现在是我的被引用次数最多的论文，另一篇则获得了奖项。永远不要把被拒绝的论文的完全相同版本发给另一期刊。总有一些地方有待完善，以便下一次发表。还有一个风险是，你可能会在另一期刊遇到同样的审稿人，如果你完全无视他们的意见，他们会很不高兴的。如上所述，给自己一点儿休息时间以平息你的情绪，然后返回进行修改，扭转局面以便在另一期刊上发表。

当你的文章走到评议这一步的时候，编辑在他 / 她的信中关注的问题可能是你所面临的最大问题，并且通常反映了共同的主题和主要缺陷。你得到的反馈意见数量取决于期刊、期刊编辑规范和特定的编辑。建设性的决定函和评议可以提供很好的修改指导。遗憾的是，其他的无甚大用。无论是哪种情况，你都要仔细阅读评议。

在阅读过程中，不要认为他们首先谈到的就是最大的问题。有些评议者按重要性排列，而另一些评议者则按时间顺序浏览论文，并且不一定说“这是我最关心的问题”。

你需要区分共同主题和主要缺陷以及你或许可以忽略的奇特评论。如果只有一位审稿人提出了一个问题，而编辑没有提到，那么这个问题可能对那位特定的审稿人来说很特别。请仔细考虑你是否要解决这个问题，以及要给它多少关注。为了对下一组审稿人来说并不是什么大问题的事情大做文章，会引起不必要的注意并招致问题。我已经不止一次犯这个错误了。在做决定时，要考虑到风险回报率。解决你能合理解决的问题；所有的理论问题都可以是灵活的，但数据问题可能不是。如果你有一个无法修复的数据问题，你就得想办法把这个缺陷的影响降到最低。这可能需要改变你的故事，进行一些额外的稳健性检验以评估它在你的背景中是否真的是一个问题，或者在讨论中把它作为一个局限和未来研究的领域。你不要想着忽略它并希望没有人能注意到。他们会注意到的。

最后，不要让审稿人把你推向一个你不相信的故事。毕竟，被拒绝的论文不会再回到他们手中。同时，如果审稿人建议一个不同的故事，或者很多不同的故事，他们就是在告诉你，你做得不好，你没有很好地说服他们，让其相信你的故事是最好的故事。否则，他们会专注于故事的细节和漏洞，而不是提出一些完全不同的建议。给自己足够的时间，使你能在一定程度上冷静地阅读评议，并忽略掉任何冷嘲热讽或考虑不周的评议。同时，请记住，如果审稿人没有什么收获，那最终是你的错。即使审稿人读得很快或在阅读过程中分了心，你也得把问题解释得很清楚、明白，并且没有错误。不要让文章搁置太久。如果论文是在你手中，而不是在期刊那里，它不被接收的概率就是百分之百。

修改和重投：成功概率从 10%增加到 50%

首先，庆祝一下！这是件大事，你的成功概率刚刚从不到 10%增加到 50%，因为大约有一半的论文在编辑给了修改和重投机会以后，最终得以通过。我经常看到新学者在收到修改和重投意见时感到沮丧，因为修改意味着高风险，并且他们不得不做大量的工作。他们并没有意识到这是个多大的成就。因此，要珍惜这个机会，但随后要开始工作。在本节中，我将讨论如何成功地进行修改，然后讨论如何处理第二次修改、有条件接收修改建议和期刊发表过程。

牢记你的目标

当你开始进行修改工作时，你的目标是什么？让所有审稿人能够推荐接收？这几乎不会发生。让编辑和大多数审稿人站在你这边，并让有负面建议的审稿人失去反对动力以至他们没有具体的反对意见，这是更可行的。这意味着你需要评估哪位审稿人看起来对你的论文有最积极的倾向，以及哪位可能永远都不会喜欢它。你要确保你不会在试图说服顽固不化的审稿人的过程中失去积极的审稿人。最终，编辑必须喜欢你的论文，最好大多数审稿人也同时喜欢。如果编辑有积极的倾向，那么一个积极的审稿人（可能加上一个中立的）可能就足够了。

这是否让你感到惊讶？如果是这样，可能是因为你听到了一个流行的说法，编辑们希望尽可能多地拒绝论文，或认为可用的版面有限。编辑们每月、每半月或每季度都会推出新的一期，为此他们需要储备文章。事实上，编辑最大的挑战不是没有版面，而是没有足够的可供发表的论文。如果编辑的默认立场是除非有被说服的理由否则拒绝一切，那么他们就无法建立文章储备和成功更新期刊。审稿人并不总是明白这一点，但他们并不是决定者，编辑才是。作为一名编辑和审稿人，我的默认立场是给予修改，除非有充分的理由拒绝。但不幸的是，许多作者都很善于说服编辑和审稿人拒绝他们的论文。如果你收到了修改意见，你就越过了第一个大障碍，你可不希望现在把它搞砸了。

评估评论

《美国管理学会学报》前编辑贾森·肖写了一个有用的“编辑寄语”专栏（Shaw, 2012），论述了回应审稿人的相关事宜。在专栏中，他建议作者通读所有的评论，并将它们归为以下三类中的一类：（1）那些能帮助改善论文的意见；（2）中性的意见（不会改善，但也不会损害论文）；（3）那些如果你遵循它们就会损害论文的意见。你应该遵循每一个能改善论文的意见和建议，这些是关键性的修改，可能会构成你在回复信中所讨论的大部分修改，它们也最有可能是编辑在审稿意见中挑出的意见。

如果评论是中性的，你就可以根据情况做修改。这不会对论文造成损害，但这样做可能会让审稿人感觉好些——这表明你对他们关注的问题做出了回应，将帮助你赢得审稿人的信任。我经常感到惊讶和失望的是，许多作者甚至不愿意做一些基本的修改，而这些修改只需要花费他们一点儿时间和精力。如果不做这些修改就会显得你很有戒心，这通常会导致审稿人做出消极反应。如果这个建议会损害论文，或者从根本上试图将论文推向你不想去的方向，那么就不要去做。这可能有点儿微妙，我将在下一节讨论如何为你的选择辩护。但你不必做审稿人建议的一切。你仍然是作者，审稿人并不总是对的。他们也可能对这个问题不那么关心，或者只是给了一个不经意的建议。

当然，诀窍在于确定这些评论属于哪一类。你做出判断，而你的判断可能并不完全是公正的。例如，大多数评论可能属于“帮助”和“中立”类别。因此，如果你发现有很多“损害”论文的评论，而很少有帮助和中立的评论，那么你可能太具有防御性。同样地，如果你把大多数评论归类为帮助性的，那么你可能需要有更多的辨别力，否则你的研究可能会变成一团乱麻。虽然分布情况因你所抽到的评论者而异，但平均而言，我发现“中性”评论占最大的类别，而“损害”的评论最小，“帮助”介于两者之间。如果你偏离了这个粗略的排序，请再看看这些评论，或者请一位有经验的同事看看这封信并给出他们的意见。

想出你的回应

一旦对评论进行了分类，我就开始酝酿对每条评论的回应。你不用草拟整封信，但你在一头扎入论文之前要制定一个如何回应的策略。通常情况下，我喜欢先看一遍所有的评论，而我的合著者也在做同样的事情，然后我们一起讨论需要做什么，并分配任务，将回应每条评论的责任分配给最有能力处理它的作者。不要把所有事情都留给第一作者来做。你们都处于需要全力以赴让论文通过的修改过程。

起草信函回复审稿人

第一步是将审稿意见转化为回复信。首先，我删除编辑的信中除具体意见外的所有部分，因为这些才是要回应的内容。我们稍后会讨论这个问题。我还会把编辑和审稿人的评论改成斜体字，这样就更容易将其与我的回应区分开来。我更喜欢斜体，而不是加粗，因为加粗只会使字更大、信更长。对审稿人的观点进行编号——如果审稿人考虑不周没有这样做的话，这使得这些观点更容易参考。我有时也会把涉及多个问题的复合观点分解成若干个子观点。我不给它们重新编号，但我把我的回复放在评论的每一部分之后，而不是等到评论的结尾。

当你考虑如何回复每一条评论时，请记住修改既是与编辑和审稿人的对话，也是一种协商。一旦你把论文寄给期刊，它就不再是

“你的”了；你是在向他人索要机会（接收），而他们也会希望得到一些收获作为回报。因此，我建议你把修改工作当作综合性谈判，追求双赢的结果，满足双方的需要，而不是作为分配性谈判，采取零和、我赢你输的立场（Fisher, Ury & Patton, 2011）。与拥有所有决策权的人进行分配式谈判时，你会输。因此，在谈判中，你要尽量保持开放的心态，尽可能对他们的意见和建议做出反应。因为这是一个综合性的谈判，所以即使你不同意他们的观点，也要想办法承认他们的关切。这可能意味着要有解决问题的精神，即使你不按他们的建议做。对此，大多数编辑和审稿人都可以接受。他们（通常）更关心的是你能解决这个问题，而不是你完全按照他们的建议去做。如果他们在某些具体问题上不能接受，他们会让你知道。

虽然不是面对面地交流，但你仍然想尝试和审稿人建立联系，而让你的信具有对话性有助于做到这一点。因此，使用对话式的说话方式，采用缩略语和其他更非正式的交流模式，并使用人称代词直接称呼编辑和审稿人。坦白一点儿也没关系——如果你犯了一个错误，就为此承担责任（例如，“我们现在发现，我们遗漏了一些关于如何构建测量的重要细节”）；如果你做不到什么，就说出来（例如，“我们很想按你的建议做，但数据不可用”）。不要害怕道歉，这并不是软弱的表现。大多数情况下你是在为自己不清楚的表达而道歉。即使你认为你说得很清楚，或者你确实说了些什么，但审稿人没有注意到，你也要为不够清楚而道歉，但要接着说你已经修改了论文，使之更加清楚了（并确保你对稿件做了一些修改，如果没有变化他们会注意到）。

当你根据审稿人的意见进行修改时，你要尽可能地给予他们肯定（例如，“响应您的建议”“按照您的建议”“根据您的建议”）。当审稿人在你的论文中看到基于他们的想法和建议的东西时，会增强他们对论文的心理拥有感以及他们希望看到论文成功的愿望，即使他们的想法并没得到直接的认可。当你做出这些修改时，要解释这些修改是如何解决他们提出的问题的，特别是如果你不是在做他们建议的事情，而是从他们的意见中得到了“启发”。你也应该感谢他们的建议，但不要成为一个马屁精。如果他们提出了一个非常好的观点（这些至少是一些“改进论文”的意见），感谢他们提出这个话题或在这个问题上推动你。不过，不要对每一个观点都这样做，否则就会失去效果。如果它是一个“中性”评论，你可以简单地说，谢谢你指出这个问题，或者指出你按照他们的建议做了修改。

当你不同意某个评论或建议时，要尽可能地使用事实和数据，而不仅仅是论证，来支持你的立场。例如，如果可以的话，做一些补充分析，以排除其他的解释，或者提供一些数据或其他研究来反驳他们的说法。如果他们要求你使用你认为不合适的分析技术，解释为什么该方法不合适。但无论如何要做他们要求的分析，并向他们表明，由于你所指出的原因，结果与你预测的一样。你可以只在信中包括这些分析。尽量做一些至少能解决他们所关注的问题的实质性事情。如果这是一个灰色地带的问题，或者是一个倾向性的问题，而不是一个明确的对错问题，并且如果审稿人和编辑真的希望你这样做，你就说你会报告另一种分析，或者在论文中加入更详细的讨论，或者是任何其他事情。这显示了你的灵活性，同时也让审稿人和编辑都感觉到了你对他们意见的重视，编辑就会给予他/她明确的祝福。

另一个具有挑战性的情况是不同审稿人提出的建议相反。理想情况下，编辑会向你指出他们的首选方案，然后你就可以说："按照编辑的建议……"但如果编辑没有提供指导，或者你不喜欢他们的首选方案，那么你就必须直接解决这个冲突。最简单的方法是感谢他们的建议，指出有冲突的建议，然后说你采纳了另一位审稿人的建议，并解释为什么。

如果编辑或审稿人建议添加参考文献，那么在相关和有意义的范围内请尽量将其纳入。这是中立问题之一。如果同一作者的作品的参考文献有很多，很有可能这个人就是审稿人。引用他们的一些相关工作是没有成本的，而且还可以增强他们看到你的论文发表的愿望。

当你起草回复时，请记住你的回复信无论怎样都会有点长，所以要尽可能地缩短。比如，当你针对某些意见对论文进行修改时，不要在信中重复大段文字。相反，提供你所修改处的页码，他们就会在阅读论文时看到你的修改；他们就不需要读两次。在起草回复信和编辑论文时，我在信中用记号笔标出了页码（例如，第 × × 页），并且用黄色突出显示，以便以后能更容易找到它们。当你确定论文中的页码不会改变时，你就可以在这个过程结束时搜索"× ×"，然后用实际页码替换它们。

最后，如果两位审稿人提出了相同的观点，或者编辑总结了审稿人提出的观点，请不要多次逐字逐句地重复你的回复。只回复一次，向其他人提及完整的回复，并注明审稿人或编辑以及观点编号。我通常会说“编辑，指出 Y，评论员 X，指出 Z 和 ZZ，提出了类似的问题……”这样的话以突出其共同点，并引导他们去看具体的回复。所以他们不会感到被忽视，接着我会说：“然而，总结一下……”，并提供一个简短的总结，以给予他们一点儿个人的关注，或解决他们的评论与其他回复内容的差别之处。最后，在每个回复的末尾，向编辑和每位审稿人提供你的回复中所使用的完整参考资料。虽然这可能会增加篇幅，因为你会重复一些参考文献，但这是对审稿人的一种礼貌。

修改稿件

虽然到目前为止，我把大部分注意力都集中在回复信上，但这并不意味着一切都是关于回复信的。事实上，修改失败的一个主要原因是作者在回复信上花了太多时间，而没有充分地修改稿件。所以如果你不从根本上修改你的稿件以解决审稿人关注的问题，不管你的回复信写得多么有艺术性，你的论文都会被拒绝。因此，你要确保在论文中也要充分解决编辑和审稿人的意见。

就像指定一个项目经理可以帮助论文出炉一样（见第十章），让其中一位作者担任修改的项目经理也有助于确保一切顺利完成。（Agarwal, Echambadi, Franco & Sarkar，2006）这个人可以是主要作者，也可以是最有条理的合著者。正如我前面指出的，每位作者都应该负责解决具体问题，并根据自己的专长改写论文的这一部分，而一个人应该把所有的内容集中起来，确保它听起来是统一的。

一旦你有了应对计划，就要开始做所有必要的数据工作。根据需要，你可能还需要同时着手处理引言、理论和假设部分。如果你正在建立和检验新的假设，那么你需要知道修改过的故事是什么，以进行后续的分析。准备好进行大手术。你的理论、故事、假设、测量和所做的分析类型都要提交讨论。这是你说服审稿人和编辑的最好机会，所以你需要尽你所能。同时，也不要做得过度，以免整篇论文废掉，除非真的需要这样做。如果你不确定，可以请你信任的人阅读评论并提供他们的意见。以开放的态度改进你的故事，但不要因为试图表现得响应编辑和审稿人而失去你的故事，我曾经犯过这个错误。我的一篇文章在我们寄出的第一个地方就被拒绝了，虽然我们在接下来的两家期刊上收到了修改和重投意见，但在修改后还是被拒了。我们又经过两轮修改，但在第四家期刊也被拒。我和我的合著者最终退后一步，重新确立了我们想要讲述的故事，并成功地将论文在我们提交的第五家期刊上发表。

那么，你要如何避免重蹈我们的覆辙呢？部分是靠直觉。如果审稿人把你推向一个你自己都不相信或你觉得没意思的故事，就不要修改。另外，要记住你的故事的主要方面。你的主角和配角是否清楚？你是否基于太多理论展开了太多故事情节？你是否知道你的主题是什么？这就是我们迷失方向的地方，我们失去了对故事情节的跟踪，并牵扯了太多不同的理论。如果你讲述的是一个合理的、连贯的故事，你们的审稿人就更有可能寻找精炼故事的方法，而不是寻找不同的故事。

这也是你要在你的讨论部分投入大量精力的地方。审稿人可能在第一轮时没有仔细阅读，但在这一轮他们会仔细。讨论部分在这一轮总是变得更长，不是因为其他原因，而是因为你在讨论部分增加了局限性和未来的研究方向。现在，你已经进入了与编辑和审稿人进行协商阶段，以使得故事有可能可以变得集中和深入。你可以对讨论进行具体编辑，以突出你的贡献，并在你参与的理论对话中更有效地论证它。我不打算在此做过多叙述，因为我在前八章中讨论的所有内容都同样适用于修改论文，动手修改吧。

与编辑的沟通

另一个笼罩在神话和误解中的领域是如何与处理稿件的编辑沟通。如果你已经收到了修改和重投意见，那么编辑希望看到你成功。为此，许多人（但不是所有人）更希望你对自己的问题进行澄清，而不是猜测答案并猜错。如果你有问题，或者你不确定审稿人的要求，或者你需要在处理相互矛盾的要求方面得到指导，请询问编辑是否可以与其交谈。我曾遇到过几个不愿在决定信之外与作者交流的编辑，但大多数编辑都乐意交谈。有的编辑喜欢发电子邮件，有的编辑则愿意打电话或视频通话。礼貌地问一下，然后满足他们的喜好，总没有坏处。

注意几条礼节。首先，请不要突然给编辑打电话。先用电子邮件发送请求，提醒他们你的稿件编号，并详细说明你的问题和疑问，以便他们提前考虑。虽然你的论文是你最关注的问题，但现实是编辑们一旦在审稿意见上按下发送键，可能就不会记得那么多了。他们有很多稿件要处理，所以他们已经把你的信息送到了他们的精神异地仓库，你需要给他们一点儿检索细节，这样你们的谈话才会有重点和成效。其次，当你接通电话时，要尊重他们的时间，并清楚地说明你在寻找什么。你也要理解，并向他们保证你理解，那就是仅仅因为你按他们说的去做，并不能保证你的修改会成功。编辑们会提供指导，但他们不会做出承诺。最后，别忘了感谢他们付出的时间。在他们给你修改和重投机会时，给他们发一封感谢邮件也无妨。编辑也是人，他们为自己的决定付出了很多努力，并希望得到认可。再说一次，不要拍马屁，但要承认他们给你的机会，并表示感谢。

最后，大多数修改都有一个最后期限。有些期限比其他期限长，通常都在三个月到一年之间。尽你所能地在期限内完成，但我还没有遇到过在你有需要时不给你更多时间的编辑。

他们希望你能把工作做到最好。要与他们沟通，给他们一个你认为你会完成的合理的时间。但如果你要求延期两个星期，然后在延期两个星期后又要求延期两个星期，一直这样下去，那就很烦人了。虽然我曾经因为不同的原因而要求过多次延期，但还是建议你先对工作的完成时间做出最好的估计，然后再加上几周的时间，作为截止日期。如果你设定了一个比你需要的时间更长的期限，之后提前提交修改稿，没有人会抱怨的。

润色和发出

一旦你认为论文已经完成，请返回到回复信，并根据需要编辑它，以反映论文在你改写过程中的实际发展情况。你也可能会发现你忘记回复的要点，而你需要将这些要点纳入论文中。如果你还没有这样做，就请在每位审稿人回复的开头提供一个一般性评论，将其适当个性化，感谢他们的建议，并让他们知道你会把你的回复转给他们。如果你已经在其他地方回答了类似的问题，就请他们参考你对编辑和其他审稿人的意见的答复。

回复完成后，我做的最后一件事是给编辑写一封（大约）一页长的附信。许多编辑要求写，但即使他们不要求，提供你所做的主要修改的摘要也很有用，这样他们就知道会有哪些内容出现。如果你在开篇写上稿件编号和标题，对编辑会有帮助。我的开篇段落跟下面的例子相似：

亲爱的［编辑姓名］：

感谢您给了我们一个修改和重投稿件 AMJ-2017-0144 的机会，“豆荚里的豌豆太多？董事的本地和全球地位特征的叠加如何影响新上市公司的董事会人员流动？”供在《美国管理学会学报》上进一步考虑发表。我们努力解决了您和审稿人的所有意见，我们认为我们的稿件已经有了很大的飞跃，总结一下我们所做的主要修改：

然后，我以编号的方式逐点总结主要的修改。不要把你所做的一切都列出来，要突出重点，并把较小的东西浓缩到一行中，例如“我们解决了所有审稿人的其他方法论问题”。我在信的结尾处会写上一些不同的内容：

> 总的来说，我们认为我们的理论现在更加完善，我们的贡献更加清晰，而且我们的发现是强有力的。我们希望这些修改能解决您和审稿人关切的问题。在这封信的其余部分，我们将讨论您和审稿人的每一个具体的意见和建议。我们期待着听到您对我们稿件的处理意见。

完成后，将信中所有的“××”换成页码，并对论文和信进行仔细编辑。就这样，你已经准备好了重新提交。

后续修改和接受

第二次（或更多次）修改。同样的一般步骤适用于后续的修改。如果第一次修改真的很大，第二轮修改可能几乎像第一轮，但希望不是。随着协商的进行，后面几轮需要解决的问题应该会更少，而且通常会更有针对性。在这一点上，不要因为你厌倦了这个过程、厌倦了改变一些东西而采取防御性措施。忍受一下，并继续投入大量的精力进行修改。不同期刊有所不同，但许多编辑会在第二次修改后做出决定。不幸的是，有些编辑也会让你进行更多的修改。对编辑的观点要有敏锐的反应，因为这些观点反映了他们想要的是什么。

有条件地接受。现在你可以真正地庆祝了！你几乎要成功了。这时，你不会再和审稿人一起工作了，只会和编辑一起工作。除非编辑另有说明，否则请直接向他／她做出回应，解决编辑的所有问题，并简单地告诉他们你对编辑没有特别提到的其余审稿人的观点做了什么回复。要快速响应，并迅速返回稿件。这时候每个人都希望完事。这时编辑也可能会要求你缩短论文以满足特定的页面限制。如果你为了安抚审稿人的特殊要求而增加了一些占据版面的内容，但这些内容对编辑来说并不是一个大问题，那么它可能是一个候选的删除项。作为一名编辑，我在有条件接收阶段对两篇论文进行了两轮修改，但一般来说，这会是你的最后一轮修改。在这之后应该是最终的接收。

为发表文章做准备。一旦你提交了稿件的最终接收版本，剩下的唯一事情就是编辑和阅读校对稿。有些期刊在接收后会立即进行这些工作，因此印刷版和出版版之间唯一的变化是卷号、期号和页码，而其他期刊则在你的文章发表前进行文字编辑。无论采取哪种方式，论文都将经过最后的编辑过程。期刊的处理方式各不相同，但越来越多的期刊将编辑和排版工作外包给第三方服务。这很糟糕，因为你不可能像在其他期刊上那样直接与文字编辑沟通，比如那些你自己做内部编辑的期刊。我从内部文字编辑那里学到了很多东西。第三方服务通常也不会给你寄来稿件的校样，实际上在校样上更容易看到修改。他们进行修改，将文本和图像放到出版格式中，然后给你发一个 PDF 格式的校样和一份对不同项目的澄清要求的问题清单。因此，你必须翻阅清样，试图发现他们的修改。

仔细阅读清样，包括表格。数字有时会被搞乱，或者他们忘记输入显著性符号。回复文字编辑的所有问题。不过，在这一点上不要过度修改。你不必非得接受文字编辑的改动。大多数修改都是为了修正你的错误或与杂志的内部样式和格式相符。然而，一些修改是品味或偏好的问题，有时会改变句子的意思。如果需要可对这些修改进行反驳。文字编辑也经常给你很短的周转时间，而不另行通知。如果你不能在他们给你的最后期限前完成，要说出来，并让他们知道你什么时候能返回来。尽量不要超过一个星期。

本章总结了开展和发表研究的过程。在下一章中，我将重点介绍学术界常见的一些其他类型的写作，这些写作也是说服性的工具。

第十二章 其他类型的写作

Other kinds of writing

我们很少有时间写学术论文的一个原因是，我们花了很多时间在写作上。我们写教学大纲和教学计划，回顾我们一年的成就以及对他人工作的评议。这些写作大多是帮助别人完成任务。在本章中，我将重点介绍为我们自身利益而写的且与研究有关的三种文件，也是我们通过讲故事来说服他人的地方：基金申请、研究陈述和求职信。在讲述如何有效地撰写每种文件时，我将重点关注其受众、目的、语气、内容和结构。

基金申请：增加获得资助的概率

大多数学者需要资金来进行他们的研究。所需金额从几百美元到几十万美元不等，甚至更多。此外，在许多学校，暑期研究支持是以竞争性的方式授予的。虽然一些学校会为教师提供预算拨款，以支付研究经费，但许多学校没有。因此，无论是在内部申请研究基金和暑期支持，还是从外部资助组织中获取研究基金，大多数学者都会在某些时候撰写基金申请。不同于 STEM［科学（Science）、技术（Technology）、工程（Engineering）、数学（Mathematics），简称 STEM］领域，社会科学领域的资助机会和制度规范还没有那么完善。然而，基金通常是可以得到的，而且你可以采取一些步骤来增加你的基金申请获得资助的概率。

科学作者维德·莫汉–拉姆（Vid Mohan-Ram）为《科学杂志》（*Science Magazine*）写了一组很棒的博文，题为“如何避免基金申请失败”[1]。我强烈推荐给任何一个刚开始写基金申请的或者到目前为止还没有成功的人。虽然他的建议是针对自然科学家，但这也同样适用于社会科学家，并与我讲故事的许多建议相呼应。我还建议你阅读其他人成功的基金申请，特别是如果你是向同一个基金机构申请的话。

受众和目的。基金申请可以实现各种不同的目的。在个人层面上，基金申请的撰写是一个思想酝酿的过程，在这个过程中你要弄清楚你想进行的研究或系列研究，研究调查的内容都涉及什么，以及为什么值得做这些研究。撰写基金申请能帮助你在真正开始研究之前，解决很多与研究有关的问题、细节和组织统筹工作。它还可以帮助你拓展学术文章中的故事，并为研究提供一些动力。

除此之外，基金申请最显著的目的是向可能有兴趣为你提供研究经费的基金组织传达你要研究的信息，并说服他们这样做是值得的且能够满足他们的需求和兴趣的投资。如果你不知道谁会读你的申请书以及他们的兴趣是什么，那么你就很难说服他们为你提供很多人都渴望得到的资金。因此，成功的基金申请写作的关键是了解那些读你基金申请的人的专业水平和兴趣是什么。

---

1 参见http://www.sciencemag.org/careers/where-search-funding。

基金申请者所犯的最大错误之一是，他们认为他们的申请是由其所在领域的技术专家阅读的。如果你有这样的评审专家是很幸运的，但还有各种受众需要考虑。首先是基金机构的决策者。根据该组织的情况，这些人可能是也可能不是学术界人士。因此，你需要确保非学术界人士能够理解你的申请，以及为什么你的研究是有趣和重要的。这意味着要避免使用大量的专业术语。基金机构也可能有各种各样的兴趣，他们正试图解决这些问题，首先且最重要的是基金机构的使命。比如说，我收到了牛津大学企业声誉中心（Oxford Centre for Corporate Reputation）的基金，顾名思义，该中心对促进企业声誉的研究感兴趣。他们资助跨学科的声誉研究，但不资助不相关领域的研究。

基金组织也可能有他们需要满足的政治利益。因此，他们可能特别渴望或不愿意资助某些课题。他们也可能希望资助某些类型的个人或倡议，以及／或者关注公平问题。例如，我在既不是牛津大学的教师也不是和他们的博士后研究员一起做项目的人中，是最后一批获得资助的人之一。在我获得资助后不久，中心的领导层决定，他们要优先资助中心或牛津大学校内的人，这是一个完全合理的选择。因此，在选择向谁提交你的申请以及如何确定你的研究和贡献时，你需要考虑这些受众和他们的利益。

第二类受众是阅读你的申请并向决策者提出具体建议的评审人。这些人可能是你所在学校的研究基金委员会的成员、你所在领域的外部评审人，比如国家科学基金会（National Science Foundation）所招募的评审人，或者其他人员。再说一遍，他们的技术专业水平和对你的特定研究领域的了解可能各不相同，了解哪些人可能会对你的申请进行评审，并确保申请写得让非专业人士也能看懂。

最后一类受众是你的学院或大学中的其他支持者，包括伦理审查委员会（IRB）、研究主任，甚至是内部基金委员会。伦理审查委员会必须批准涉及人文科目的研究，因此他们会对你的申请细节感兴趣，并且必须批准这些细节建议。研究主任会对任何为学校带来资金的研究感兴趣，特别是如果基金机构也支付管理费的话[1]。虽然这在社会科学领域还不常见，但它证明你能成功筹集到资助，这可能是你的任期和晋升评估的一部分。最后，如果你也在申请外部资助，内部基金委员会也会感兴趣。当你积极从其他来源寻求资助时有些委员会喜欢提供"种子"资助，而其他委员会可能认为，如果你正在寻求外部资助，你就不太可能需要他们的资助，并将资源投入其他选择较少的人身上。我在为研究基金委员会服务时，见过这两种情况。

语气。基金申请的语气是正式的，但不是行话；换句话说，类似于学术文章的语气。你要保持简洁，并将重点放在你的研究将提供什么，以及你将如何去做到这一点上。评审人和决策者会浏览大量的申请，而你不希望使这个过程变得比现在更难。

内容和结构。基金申请的大部分内容和结构与一篇文章的开头

1 间接费用是支付给大学的资金，以帮助支付学校代表研究的一般费用，如水电费、办公室或实验室空间、行政支持和费用等，它通常是研究型大学的一个主要收入来源。

部分如出一辙。无论基金组织是否有特定的格式，他们都会要求你提供相同的信息。

就像一篇文章一样，前三个部分是标题、摘要和引言。莫汉-拉姆对这些内容的建议与我在第四章中的建议基本一致。他建议你的标题要巧妙，并包含所有必要的信息，以了解你的研究是关于什么的。接下来，摘要需要在几百字内抓住研究的要点，解释以前做过什么，为什么你的研究很重要，以及你将如何做，所有这些都是以非技术性的方式进行。标题和摘要对基金申请尤其重要，因为它们经常被用来将申请提交给相关机构或评审人。它们也可能是你的申请中唯一被人阅读的部分。因此，你也理所当然应该把他们的需求建议书（Requests for Proposal, RFPs）中的关键词放在摘要中。引言部分做了所有引言要做的好多事情，回答了“谁在意”“我们知道什么，不知道什么，然后怎么样”以及“我们将学到什么”等问题。

引言之后是**你要解决的问题**。在这部分，你将回顾文献，讨论你希望解决的问题以及这些问题的重要性，提出你的研究问题，如果你要做定量研究，还要提出这些问题的相关假设。因此，你将确定你的主角和配角，并设定故事情节。

由于你还没有做研究，所以不要在方法部分解释你已经做了什么，而是要描述你打算如何进行你的研究。你将描述你的背景、抽样、测量和分析方法，但它将是未来式而不是过去式（“我们将……”“我们打算……”“我们计划……”）。根据你的基金和资助组织的规模，莫汉-拉姆还建议描述一个 B 计划和一个 C 计划，以防你的第一个研究不起作用。不要提出一套以第一项研究成功为前提的研究，因为如果第一项研究失败，那么资金就浪费了。这个问题对于较小的基金来说可能不那么重要，特别是对于内部基金来说。

你需要涵盖的另外两个重要主题是实际的时间表和预算，列出成本和项目团队的简历及角色。让我总是感到惊讶的是，一份申请没有说明研究可能需要多长时间，没有包括明确的财务要求，或者只是说明可获得的最大基金，但没有解释如何使用这些基金。因此，你需要提供一些关于你将把基金花在什么地方的细节，请确保你已经仔细研究过基金组织愿意和不愿意支付的费用。例如，有些组织会帮助支付主要研究人员的暑期支持，或为展示研究而进行的会议旅行的费用，而其他组织则不会。

对于基金机构来说，知道谁在团队中，以及他们以前的经验是什么也很重要。一般来说，有成功记录的学者更容易获得基金，因为基金组织总是担心他们的资金会被浪费掉。这就是为什么新教师和博士生真的需要打磨他们的申请，因为他们没有自己的声誉和先前的经验可以依靠。这也是为什么有一个富有经验的合作研究者很不错。

最后，你要用一个结论来结束你的申请。莫汉-拉姆建议你的结论应主要集中在“然后怎么样”的问题上，以及你打算完成什么。如果你能说出该项目可能产生多少文章，在哪里发表，以及你的目标期刊是什么，也很好。评审人和决策者掌握的信息越多，就越能增强他们对你的信心，他们就越容易接受你的申请。申请还应包括一个完整的参考文献部分，包括你所引用的文章。

研究陈述：陈述你的学术身份

研究陈述是一种叙述，是你讲述作为一名研究者你是谁，取得过什么成就的地方。在此部分，你可以综合你所参与过的所有不同研究以及你正在进行的研究，以帮助他人了解你是谁。因此，这是对你的学术身份的一种陈述。

受众和目的。你的研究陈述在你的职业生涯中发挥着重要作用。它能帮助你找到工作、获得终身职位，还能帮助你获得晋升，并让你在任期结束后的审查中得到积极的评价。它通过充当传感装置来实现这一点，帮助你塑造别人对你和你的工作的看法。它也是一种意义建构的手段，因为它可以让你在本来可能是不同的项目和文章中找到连贯的主题，并更加了解作为一名学者的自己。在你的职业生涯中，它可以帮助你弄清楚你的身份是否已经改变。回顾我以前的研究报告，虽然我的兴趣和研究课题发生了一些变化，但我的学术身份认同在这些年里几乎没有变化。其他学者的研究身份可能会发生更大的变化。

阅读你的研究陈述的受众有很多，但他们的技术专业水平和对你的领域的熟悉程度各不相同。如果你是一名博士生，你的第一个受众可能会是你的导师和论文委员会成员。作为一个研究者，一旦你弄清楚了你是谁，你就需要帮助那些为你的研究工作辩护的人了解你的学术身份是什么。然后，他们就会在推荐信中和／或在与你申请工作的学校的其他人的对话中强化和放大你的学术身份。对于为你以后的工作写推荐信的人来说，它也起着同样的作用。当我为某人写推荐信时，我总是要求他们提供其简历和研究陈述这两份文件。

如果你正在寻找一份工作，那么下一个受众就是选择面试候选人的招聘委员会。他们也想知道你是谁、你的研究有什么新意，以及你的研究与他们部门的其他人有什么重叠或互补之处。如果你获得了面试机会，院长们可能也会出于同样的原因阅读你的研究陈述。

如果你要申请终身职位和晋升，你所在学校的委员会和院长就会阅读你的研究陈述，以评估你是否已经形成了清楚的学术身份和连贯的成就记录，以及是否值得晋升。虽然各机构的终身教职程序各不相同，但这些委员会通常存在于系、学院和大学层面，所以每个级别的委员会成员会对你的领域和研究领域的细节越来越不熟悉。因此，你需要将你的陈述写得让那些在你的领域没有经验的人也能基本了解你是谁，以及你的所有工作是如何结合在一起的。学院的院长们、教务长、校长和/或更高行政级别的领导，也会阅读你的研究陈述，并利用它来做出决定和起草支持你的信函。

最后，当你通过任期和晋升程序时，阅读你的研究陈述的人也会在很大程度上依赖由你所在领域著名学者撰写的评价研究计划的外部信件。这些外部信件的作者是你的最终受众，你的研究陈述将帮助他们了解你是谁，并向他们提供可以在信中描述你的语言。你要让他们尽可能轻松地描述你的研究以及它的独特和重要之处。

语气。我把研究陈述的语气描述为“半正式”。它应该是对话式的，但不要太过闲聊和随意。你的研究陈述要传达有关你的研究及其独特贡献的关键信息，但要以一种容易理解的方式。这也是你为自己和你的能力进行辩护的地方。因此，即使是在讨论你与别人合著的研究时，你也应该自由地使用代词“我”。每个在阅读文件的人都认识到，你的工作不是你一个人做的，但你是在陈述你的能力和贯穿了你与所有不同的合著者的所有研究的贡献。这是你应该为你所做的事情邀功的地方。

内容和结构。研究陈述的长短不一，取决于你要谈论的内容。对于刚毕业的学生来说，研究陈述通常为 2 ～ 3 页；如果你要申请终身职位或晋升，则可能会有 3 ～ 6 页或更多。虽然研究陈述的结构并不是一成不变的，但有几个你需要讨论的重要问题，而这些问题往往会自然而然地形成一个像金字塔的结构——从最抽象的研究特征到更详细的具体研究的描述。

你的研究陈述需要做的第一件事是用电梯游说法[1]简洁地介绍你的学术身份，这是对你位于金字塔顶端的研究计划的最抽象描述。一个好的电梯游说词要使用精炼的词语，用读者能够理解的关键词和短语，抓住你研究的基本内容。因此，研究陈述通常以一段话作为开篇，简明扼要地概括了你的研究是关于什么的。例如，我的研究陈述的开头段落写道：

> 作为一名学者，我的目标是对各种复杂的力量组合有更多的了解，这些力量在社会上构建了合理化的组织结

1 “电梯游说”一词来自企业家，基于的理念是，你需要对你的商业理念以及为什么它有价值进行描述，并且足够清晰和简洁，以便你能在共同乘坐电梯的时间内向别人介绍或推销它。

> 果——无论是公司的价值还是支付给首席执行官的报酬，都是由社会来决定，并向公众展示和证明的。在我所有的研究中，我一直试图关注个人和组织行为者所面临的社会和政治背景是如何影响他们对世界的理解，并在此过程中塑造出他们对世界的价值，因而形成了特定的组织结果，这是行为者的关注焦点。

这里的一些关键想法是：（1）我感兴趣的是，通常被视为理性的结果实际上是如何被社会建构的；（2）我感兴趣的是，这些社会建构过程不仅影响到结果如何被确定，而且还影响到它如何被公开展示和证明有效；（3）我专注于个人和组织层面的社会与政治建构及机制，并探索它们是如何塑造认知过程的。虽然下一段会有更多的细节，但这已经告诉了你很多关于我所做的事情和我作为一个学者的出发点。

接下来的一两段将详细介绍你的研究计划，强调你在理论上和方法上对该领域的贡献（如果相关），以及你的研究计划的独特之处。在这部分，你仍然要总结你的整体工作，但是你现在开始要详细阐述你的工作，并增加关键细节，创造出金字塔的下一个更广泛的层次。作为这项工作的一部分，你需要确定你的工作适合哪些主要研究方向。有一个问题总是会出现，那就是你应该讨论要有多少个研究方向。虽然每个人的建议各不相同，但一般来说，两到三个就可以了。你可能只有一个研究方向，但这可能看起来有点儿狭窄。而太多的研究方向则表明你是一个浅尝辄止者，缺乏重点。我曾经提出过三个研究方向——公司治理、战略选择和市场的社会建设，但现在我把前两个研究方向合并为一个研究方向。我在第二段中详细阐述了我的电梯游说。

> 我的研究遵循两个广泛但相互关联的主题方向：（1）公司治理和高层管理人员的战略选择，以及（2）市场中价值的社会构建，特别是 IPO 市场。贯穿这两个研究方向的一个共同主题是我对社会评价作用的关注，如声誉、地位、知名度和耻辱感。在这两个研究方向中，我追求共同的理论主题，借鉴各种学科的文献，并利用它们来理解在不确定和模糊的情况下，个人和组织如何获取、解释信息并采取行动来确定价值。

因此，我更具体地强调了我研究的现象类型、我感兴趣的社会背景特征，我关注的是不确定的和模糊的环境，以及我借鉴了各种理论和文献。我的主要研究方向标签都是现象学，但这是我的研究性质所致。如果你主要在一个特定的理论领域工作，你可以选择用该理论作为你的标签。无论你选择什么标签，都要确保它们足够宽泛，以涵盖你的研究广度。

接下来，你要强调你的研究项目的独特之处。这也是一个总结性陈述，但它增加了额外的细节，扩大了金字塔。所以，它需要比你的电梯游说更具体。它不一定要惊天动地，但你要确定一些使你的研究与众不同的主题或办法。就我而言，我的一个潜在挑战是，有些人可能会认为我借鉴了很多不同的理论这一事实有问题。然而，我把这作为一个特点，而不是一个缺陷。

> 我的研究的一个特点是，我将微观层面的权力和社会认知理论与战略、网络、社会认可和市场的宏观理论相结合，以建立更加细微和全面的理论模型……我相信这种理论多元化是我研究的优势，因为它使我能够从各种角度探索我感兴趣的实质性问题，并对我观察到的过程和现象做出更综合的理论解释。

这两句话的某个版本，包括“理论多元化”一词，一直都在我的研究陈述中。本节强调我将个人层面的认知和社会心理学的理论纳入更宏观的组织和行业层面的理论中，解释我所研究的现象。在这段话之后，我又写了一个段落，强调了我的研究在方法论方面的一些独特之处——即我在大多数研究中使用文本数据的内容分析——以及我所使用的方法的广度。你也可以强调你所建立的或可以获得的独特数据集，或者你所拥有的特定编程或数据挖掘技能。

提供有关你的研究影响力的证据也很有用。可以是一个单独的部分，也可以整合到你的研究方向的描述中。如果你是博士生，要做到这一点会比较困难，但是如果你曾经获得了任何研究奖项或接受了媒体报道，你可以在此提及。在申请终身职位时，证明影响力就变得更加重要。如果你在晋升时有发表了超过几年的文章，你可以在此提及科学网和谷歌学术（Google Scholar）的引用次数。参考这两个来源，因为不同的人和机构对其中的一个比另一个更重视。许多助理教授还没有大量的引文，所以如果你有，这就是一个优势。获奖和其他认可也是有用的，可以提及。然而，当你晋升正教授时，展示影响力就是必需的。

你的研究陈述的其余部分描述你的研究方向的具体研究。这是金字塔的宽广基础。研究方向标签可作为你的章节标题。在这一节的开头，有一个选择是解释你为什么要研究你所研究的东西——我采用了这种方法。我认为这可以使你的故事更加个性化、更加丰富。你可以在研究陈述的前部，在描述你的一般兴趣时介绍这一信息，或者在介绍你的电梯游说之前，作为一个开场悬念。在讨论我关于公司治理的研究方向时，我谈到了我以前作为薪酬顾问和为高级管理人员设计非合格计划的工作经验，以及我如何观察到通常是社会和政治因素对我们参与结果有最大的影响，这形成了我的研究兴趣。

在每个研究方向中，你都要对正在回应的对话的局限性以及你的研究是如何整合在一起的做出叙述。对于每项研究，你都要提供关于该研究的简短摘要，并确保它的重要性（例如，每项研究都有一个以“这项研究很重要”或“这些发现很重要”为开头的句子），这有助于读者了解你对该领域的贡献。

例如，在描述我的公司治理研究时，我在这一节的开头说：“鉴于一系列与绩效无关的政治因素似乎影响着首席执行官的报酬，我提出的一个问题是，董事会如何向股东证明其出于政治动机的补偿做法，向股东进行解释。”这带来了对几个不同的研究的描述，以下是我对其中一项的描述：

在最近的一项研究中（Pollock, Fisher & Wade, 2002），我利用了股票市场的一个独特的波动进行了一个“自然发生的实验”，并探讨了首席执行官的权力和对印象管理的关注是如何影响到他们的股票期权是否被重新定价。我发现，增加首席执行官结构性权力的因素也会增加首席执行官的期权被重新定价的概率。然而，我也发现，首席执行官直接持有股票会降低期权重新定价的可能性，尽管它增加了首席执行官的权力。此外，我还发现，这些因素增加了决策的可见度，以及通过减少董事会的权力（从而使其显得软弱）来增加首席执行官的权力，从而降低重新定价的可能性。这些发现很重要，因为它们强调了印象管理问题在高层管理人员薪酬决策中的影响。它们还证明了使用股票期权作为协调管理层和股东利益的主要机制的局限性——股票期权的目的是明确的。

因此，一份清晰、简明的研究陈述不仅是一份有价值的营销文件，还能帮助你弄清你作为一个学者的身份，使你更容易向他人传达你的身份信息。

求职信：宣传自我的关键工具

每个人在其职业生涯中至少要去一次就业市场，而且大多数人都会去多次。除了你的简历，可以肯定的是，几乎所有的人都会看你的求职信。它是你的关键宣传工具，并在决定你是否能通过第一轮招聘程序方面起着重要作用。读者会用它来评估你是谁，你做什么，为什么他们希望你成为他们的同事，以及你对学校和职位的兴趣。

受众和目的。你的求职信有两个主要受众：（1）你申请工作的学校的招聘委员会；（2）为你写推荐信的人。招聘委员会利用你的求职信来收集在你的简历中并不容易辨别出来的信息，这包括你是否适合该职位，你的研究兴趣和技能，你是否认同本系在研究和教学方面的价值观及研究重点，你是否有可能成为一个有趣的同事，以及如果他们最终向你发出邀请会有什么样的机会给到你。因此，你的求职信需要吸引他们的注意力，让他们认真地看待你，传达他们正在寻找的信息，并说服他们将你送到下一步流程；对于为你写推荐信的人来说，它提供了他们可以增加和强化推荐信建议的额外信息和细节。

语气。求职信应该是对话式的，我称之为“商务休闲”，所以使用缩略语也是可以的。求职信应具有吸引力，易于阅读，可以包括个人传记信息。委员会会阅读大量的这类信件，所以你能让它阅读起来越容易和越有趣，他们就会更喜欢你。

内容和结构。尽量使求职信不超过两页。如果它拖得太长，人们就会停止阅读。我将以我在求职市场上作为一个刚毕业的博士生时写的求职信来说明其基本结构和内容。一些细节显然会随着你的职业发展而改变，但基本内容不会有太大的变化。在问候之后，第一段应说明你的头衔和目前的机构（“我目前是伊利诺伊大学厄巴纳–香槟分校组织理论专业的博士生”)，并提供你申请职位的基本信息，因为有些学校每次招聘的职位不只是一个。如果你是一名博士生，请说明你何时通过了论文申请答辩，以及你打算何时通过论文答辩（这样他们就知道你在工作开始时就已经完成了），归纳一下你的申请材料中包括的信息（以便他们知道你还寄了什么）。在我的案例中，我这么说：

> 我附上了一份我的履历和写作样本，包括我的论文开题报告的摘要，一篇题为“价值、文字和高管薪酬的理由”（Worth, words, and the justification of executive pay）的论文，这篇论文最近发表在《组织行为学》（*Journal of Organizational Behavior*）杂志专门讨论计算机辅助文本分析的专刊上，以及一篇题为“可比公司的政治和首席执行官的报酬”（The politics of the comparable firm and CEO compensation）的论文，该文章已被《管理科学季刊》杂志暂时接收发表。

因此，在第一段结束时，读者知道我来自哪所学校，我什么时候毕业，我在哪里发表过哪些文章，以及我所做的研究的一些情况。

在接下来的几段中，你需要包括以下内容：（1）你的电梯游说；（2）你研究兴趣的信息；（3）你的论文摘要；（4）使你看起来更具有趣味和吸引力的其他个人信息，或他们会认为有价值的标志性经历；（5）你获得的任何奖项、基金或其他你收到的认可。你如何安排这些信息的结构取决于你要推销的东西，以及如何创造最好的叙述结构。例如，你可以从你的电梯游说开始，也许可以顺便混入一些个人细节，然后是你的论文摘要，由它引出你研究方向的讨论和成就。你也可以颠倒这个顺序，或者在最后讨论你的论文，并利用它来说明你的研究方向是如何形成的。

在我的信中，我首先利用前面提到的个人背景信息介绍了我的研究兴趣并进行电梯游说，指出这对我与导师乔·波拉克和吉姆的研究有何影响（我就是这样把我的重要关系写入信中的）。在写这一部分时，我直接从我的研究陈述中转用了相当多的材料，这在不同的文件中创造了一致性。

在下一段中，我谈到了一系列塑造了我对创业学兴趣的不同经历（我当时正在申请创业、战略和组织理论方面的工作）：帮助我的父母管理他们的独立药店，因为它面临着不断变化的竞争环境，以及我在尤因·玛丽安·考夫曼基金会（Ewing Marion Kauffman Foundation）的工作。我接着说：

> 在过去的两年里，我利用这些经验进行了学术研究，协助考夫曼基金会（努力开发已成为目前最广泛的高增长公司数据库之一。通过从著名企业家那里收集管理方面的叙述，我一直致力于研究探索公司管理认知以及管理层如何解释公司的能力对扩张计划的影响，以及如何决定一个高增长企业样本的财务结果。

上述内容服务两个目的：（1）它让我谈及我的另一项研究方向；（2）它表明我与一个资助大量创业研究的知名基金会有联系。在这段话之后，我对我的论文进行了总结，并指出我在一个著名的论文开题报告竞赛中获胜。这一部分总共占用信件一半多一点的篇幅，介绍了关于我和我的经历的关键细节。

你想涉及的最后一个话题是教学——包括你的经验和未来的兴趣。如果你已经教过一门或多门不同的课程，你就要列出这些课程；如果你做得很好，就要提到你的评级。你也要列出你在新机构感兴趣和有能力授课的课程。这也有助于简单说明一下你的教学理念。

你可以在各种写作中运用讲故事的工具和技巧。基金申请不仅可以帮助你获得财政资源，也是启动文章写作的有效途径。研究陈述和求职信不仅可以帮助你实现职业生涯的里程碑，而且也是一种自省文件，你可以用它来确定你的研究身份，以及如何将其与你的其他生活经历相匹配。认识到其他类型的写作所发挥的多重作用，不仅使你所写的东西更加有效，而且可以使写作的过程更加令人振奋。

结　论

写出一篇好的文章是一件令人深感欣慰的事情。你在阅读自己写的东西时会想："哇，写得非常好，我都不敢相信这是我写的。"这可以说是一种超乎寻常的体验。然而，我也认识到，对许多人来说，写作是我们所做的工作中比较困难和不愉快的事情。如果你想成为一名成功的学者，那么使用书面文字清晰而有说服力地表达自己的观点就是一项基本技能。我撰写本书是为了揭开过程的神秘面纱以展示一篇文章是如何写出来的。它包含了我一生中所学到的尽可能多的东西，我把它们放在大约 75 000 字的篇幅中。我希望你会像我一样，发现你在写作方面做得越好，就越有乐趣，越没有挫折感或负担感。最后，我想谈一谈如何通过实践我在本书中所描述的内容成为一名更好的作者。

学术写作的实践

任何曾经认真学习过音乐、艺术、武术、烹饪、瑜伽或一项体育运动的人都会明白我所说的写作是一种实践的意思。实践是没有终点的，不断提高和完善你的技能的过程才是目标。而在开始的时候，没有人会非常擅长他们所追求的东西。当我开始我的博士研究时也是如此。虽然我愿意认为我至少是一个比一般人略好的作者，但是总体来说，我对学术写作这门学科仍是一无所知。虽然我一生都在不断地阅读，但我并没有广泛的学术背景（我的意思是我没有任何背景），所以期刊文章和学术书籍对我来说几乎是处女地。因此，像许多新手一样，我努力去理解它们。在我读博士的前几周，我记得我曾打电话向很多高年级博士生请教如何度过这一切。我的同学兰尼·霍尔布鲁克（Lenny Holbrook）告诉我："你只要一直阅读和学习写作就可以了。"

我最终更好地理解了学术写作，特别是涉及20世纪后半叶的材料时。随着我读得越来越多，文献的心智地图开始在我脑中形成。后来，随着我上了更多的统计课，方法和结果部分开始讲得通。然后，我不得不第一次尝试为我的研讨会写一篇学术文章。我和我的导师一起沉浸在研究中，也让我有机会撰写部分论文。当然，我写的东西并不是很好，但我从他们的修改中学习，并继续努力。而正如我在第十章中提到的，观察乔·波拉克写作对我影响很大。

在努力成为学者的过程中，我们在工作的某些部分比其他人更加挣扎。对我来说，这就是学习如何像一位学者那样**思考**。在进入我作为博士生的最后一年时，我与乔进行了一次谈话，请他对我的长处和不足给出坦率的评价。他说我最大的不足是理论水平不够。

他是对的，因为我总是首先被现象所吸引，我是以一种非常现象学的方式而不是理论的方式进行写作和论证。我决定要学习如何更加理论化，但这花了我作为助理教授的前五年时间。经过很多期刊的拒绝后，我才开始看到持续的迹象证明我已经掌握了窍门。时至今日，我仍在继续尝试并提高这一技能。

很少有人能在我们的这种工作中立即表现出色。如果你遇到一个从一开始就看起来很擅长的人，你再深入调查一下就会发现，他们在正式开始学术生涯之前就已经有了经验，因此占了先机。我们都必须学习学术写作的实践，而你在这方面投入的精力越多，越专注，你就会做得越好。斯蒂芬·金说，要想成为一名较为合格的作者的唯一方法是大量阅读和写作。他是正确的。但这不仅仅需要经常做某件事，还需要刻意练习。心理学家安德斯·艾利克森（Anders Ericsson）是研究为什么有些人在某些方面比其他人强得多的最重要的研究者之一。他的结论是，他们花了更多的时间进行刻意练习，并专注于他们需要提高的具体技能。《财富》（*Fortune*）杂志编辑杰夫·科尔文（Geoff Colvin）在他的《哪来的天才？》（*Talent is Overrated*）一书中对刻意练习进行了非常有趣的阐述，他对刻意练习进行了定义，解释了它为什么有效，以及如何在我们的生活中以一种有趣和容易接近的方式应用它，他指出：

> 刻意练习有几个特点……它是专门为提高成绩而设计的活动，通常在老师的帮助下进行；它可以不断反复，对结果的反馈是持续的；它对精神的要求很高，无论是智

力活动……还是大量的体力活动……而且没有什么乐趣。（Colvin, 2008: 66）

虽然我在开始的时候并没有意识到这一点，但刻意的练习（这与深入的工作是相辅相成的）是我作为一名作者提高自己写作水平的方式。博士生研讨会论文，与我的导师一起做研究项目，以及撰写和改写那些被期刊反复拒绝的论文，是我学习的一个重要部分。我参加了我在本书中推荐的活动，例如，选择几篇我认为写得非常好的文章，然后逐行、逐段地进行剖析，以评估它们是如何建立论点的，以及一个想法是如何引出下一个想法的。我还花了无数时间来阅读有关写作的书籍。我刚刚数了一下，我办公室的书架上有42本关于写作的书籍。这些书中有很多是关于如何写作的回忆录，读起来很有趣；其他的，比如我有几本关于语法和标点符号的书，并不完全是大部头小说，虽然它们是非常有用的。

此外，我花在评议他人作品上的所有时间也对我的写作大有裨益，特别是从我试图成为一个建设性的评议人并对我发现的问题和议题提出解决方案开始。这就需要你有同样的创造力和解决问题的能力来完善你自己的作品。我可以肯定的是，担任编辑使我成为一名更好的作者。而且我保证，阅读和评论这么多别人的作品是有很高的心理要求的。我也从朋友、合著者和评论家那里寻求并收到了大量关于我写作的反馈。虽然提供和接受大量的负面反馈并不那么有趣，但它却帮助我成为一位更好的作者。我认为，刻意的练习从来都没有什么乐趣。但是，我所做的很多事情都让我深感欣慰，即使当下有压力，比如当你有20多份稿件在等待录用与否的审稿意见。我也很喜欢我读过的大多数写作书籍，以及剖析别人的作品。时至今日，我仍在继续努力，以提高我的写作技巧。事实上，我在撰写本书时学到了新的东西，这些东西改善了我最近的研究。

我并不是说如果你想成为一位好的作者，你就必须这样做。这是我走的路，而且我认为我还有很多东西要学。我所建议的是，如果你想成为一位更好的作者，你就需要付出很多实践努力。你需要确定你的长处和你最需要改进的地方，然后，你必须制定实践计划和做好日常常规，它要既能让你改进自己的不足，也能进一步发展和完善你的长处。你投入的努力越多，你就会变得越好。你可以很快看到实质性的改进，但你的努力必须是深思熟虑的，而不是随意的。否则，用改述创新学者安迪·哈加登（Andy Hargadon）的话说，你最终不会有20年的经验，而是一年的经验重复20次。要成为真正的高手，你需要在相当长的时间内进行刻意练习。正如我在上面所提到的，我花了大约10年时间才感觉到我正在掌握它的窍门。即使你的目标不是成为一名伟大的作者，但考虑到它对我们事业成功的重要性，我鼓励你至少尝试成为一个更好的作者；写作是我们都需要面对和接受的事情，所以你不妨学会享受它。

为此，在我的网站上，我发布了一些与不同章节相关的练习，你可以用来进行刻意练习（www.timothypollock.com/writing）。如果你想到了想分享的练习，请把它们发给我。如果我喜欢它们，我就会把它们张贴出来。我也鼓励你尽可能多地获得评议经验。如果你是一名博士生，而且以前从来没有做过审稿，你可以自愿为你的专业协会的年会审稿。各个部门总是在寻找审稿人。你和你的博士生同学也可以通过为对方写评论来练习。如果你是高年级的博士生或新的助理教授，请在你发表或想发表作品的期刊上注册成为审稿人。一旦你注册了，请联系处理你的主题领域论文的主编和 / 或副主编，并让他们知道你的兴趣。编辑会对他们收到的每一篇评论进行评分，而审稿人的选择则是基于审稿人评分。因此，如果你没有为该杂志审稿，除非编辑认识你，否则你很难被选为审稿人。认真做好工作，并迅速完成审稿工作，你就会得到更多、更好的稿件来评议。还可以自愿为你的朋友和同事提供友好的评议。最后，如果你的部门有一个工作论文小组，请成为一个积极的参与者；如果没有，就考虑组织一个。你获得的反馈经验越多，你就会成为更好的作者。

写作顺利的时候

当事情进展顺利时，你真正处于流畅状态，写作就像是歌唱。你读得越多，参与的刻意练习越多，然后进入其中并真正地写作，你的写作就会更频繁地唱出美妙的歌声，而不是唱走调。

古往今来，讲故事的人在所有社会中都会受到崇敬。在书面语言之前，更不用说电视、视频游戏、互联网和流媒体视频了，口头讲故事的传统对于传承知识、历史、文化和价值观至关重要。当文字以及后来的印刷术被发明出来后，书面文字就变得非常重要了。尽管我们今天有所有其他的交流模式，但书面文字仍然占据着特殊的地位，比任何其他媒介都更能永久地记录我们的思想、想法和故事。你是一个讲故事的人，而写作是你的媒介。我的博士研讨班的学生们——他们阅读了我编写的每一章，并给予我反馈。他们告诉我，这门课让他们对写作产生了前所未有的兴趣和兴奋。我很高兴看着他们尝试新事物，抓住机会，真正推动他们的写作，也很高兴听到他们说我告诉他们的东西已经解开了很多研究事业的神秘感。我希望本书对你也有同样的作用，至少在某些小的方面。当我们的旅程接近尾声，我们的道路再次走到岔路口的时候，我希望你能在接下来的旅程中对学术写作更加兴奋，对你使用讲故事的技巧的能力感到更加自信。

致谢

本书是我27年来的经验的结晶。一路走来，有很多人帮助、支持和指导过我。当然，我的父母一直支持我放弃一份收入丰厚的工作，成为一名贫穷的博士生并追求学术生涯。我的导师乔·波拉克（Joe Porac）和吉姆·韦德（Jim Wade）教我如何成为一名学者，并给了我成功的工具和机会。我从许多多年来的同事和合著者那里学到了很多东西，他们给了我许多很棒的写作经验。特别要感谢维奥莉娜·林多娃（Violina Rindova），她一直是我的朋友，也是我交往时间最长的和最好的合著者。我还要感谢我20多年的朋友和同事（也是合著者）特德·贝克（Ted Baker），我很开心能和他一起走过这段学术之旅。特德还阅读了本书的每一章文稿，并提供了很好的建议，我也采纳了其中一些建议。我还要感谢我友好的审稿团队的其他成员，杰夫·洛夫莱斯（Jeff Lovelace）、徐延智（Yeonji Seo），以及我的写作博士研讨会的成员：埃斯·贝奥尔基亚（Ace Beorchia）、荣在宇（Jaewoo Jung）、埃米莉·兰德里（Emily Landry）、特利·刘易斯（Trey Lewis）、阿什利·罗卡普里奥

（Ashley Roccapriore）和贾斯廷·燕（Justin Yan）。他们都阅读了我撰写的章节，并提供了很好的反馈意见。学生们则是我在课堂上阐述我的想法时的绝佳实验对象。这确实是我一生中最有趣的教学经历之一，尽管最后五周由于新型冠状病毒肺炎的缘故，教学是在线进行的。我也要感谢在我的期刊文章准备发表时对其进行编辑的人，特别是珀斯芬妮·多里纳（Persephone Doliner）、琳达·约翰松（Linda Johanson）和琼·弗里德曼（Joan Friedman），我从这三位女士那里学到的东西让我成为一个更好的作者。我还必须感谢我的编辑艾伦·斯特莫（Alan Sturmer），他给了我写这本书的机会并在我写作过程中给予指导。我还要感谢爱德华·埃尔加公司（Edward Elgar）的所有其他人员，是他们的帮助让本书得以出版。最重要的是，我想感谢我的妻子莎拉，在写作过程中，她一直是我最大的支持者，她阅读了每一章内容并提供了许多精彩的评论。她也是我职业生涯中最大的支持者，尽管我把她从威斯康星州（Wisconsin）拖到了我的学术流浪之旅历经的那些国家。最后，我想感谢我的狗梅普尔，它在我写作时一直陪伴着我，当我没有及时带它散步时它会不耐烦地发小脾气，但一直是我的甜蜜、可爱的伴侣。

参考文献

Adler, P.S. and S. Kwon(2002), 'Social capital: Prospects for a new concept', *Academy of Management Review,* 27, 17–40.

Agarwal, R., R. Echambadi, A.M. Franco, and M.B. Sarkar (2006), 'Reap rewards: Maximizing benefits from reviewer comments', *Academy of Management Journal*, 49(2), 191–196.

Ashford, S.J. (2013), 'Having scholarly impact: The art of hitting academic home runs', *Academy of Management Learning and Education*, 12(4), 623–633.

Atinc, G., M.J. Simmering, and M.J. Kroll (2012), 'Control variable use and reporting in macro and micro management research', *Organizational Research Methods*, 15, 57–74.

Baker, T. (2007), 'Resources at play: Bricolage in the toy store(y)', *Journal of Business Venturing*, 22, 694–711.

Baker, T. and R.E. Nelson (2005), 'Creating something from nothing: Resource construction through entrepreneurial bricolage', *Administrative Science Quarterly*, 50, 329–366.

Bansal, P. and K. Corley (2012), 'Part 7: What's different about qualitative research?', *Academy of Management Journal*, 55(3), 509–513.

Baum, J.A.C., T.J. Rowley, A.V. Shipilov, and Y.-T. Chuang (2005), 'Dancing with strangers: Aspiration performance and the search for syndicate partners', *Administrative Science Quarterly*, 50, 536–575.

Boivie, S., S.D. Graffin, and T.G. Pollock (2012), 'Time for me to fly: Predicting director exit at large firms', *Academy of Management Journal*, 55(6), 1334–1359.

Briscoe, F. and S. Safford (2008), 'The Nixon-in-China effect: Activism, imitation and the institutionalization of contentious practices', *Administrative Science Quarterly*, 53(3), 460–491.

Campbell, R., S. Jeong, and S.D. Graffin (2019), 'Born to take risk? The effects of CEO birth order on strategic risk taking', *Academy of Management Journal*, 62, 1278–1306.

Casagrande, June (2014), *The Best Punctuation Book*, Period, Berkeley, CA: Ten Speed Press.

Chatterjee, A. and D.C. Hambrick (2007), 'It's all about me: Narcissistic CEOs and their effects on company strategy and performance', *Administrative Science Quarterly*, 52, 351–386.

Chatterjee, A. and T.G. Pollock (2017), 'Master of Puppets: How narcissistic CEOs construct their professional worlds', *Academy of Management Review*, 42(4), 703–725.

Cloutier, C. (2016), 'How I write: An inquiry into the writing practices of academics', *Journal of Management Inquiry*, 25(1), 69–84.

Colvin, Geoff (2008), *Talent is Overrated: What Really Separates World-Class Performers from Everyone Else*, New York: Penguin Books.

Cortina, J.M. and R.S. Landis (2009), 'When small effect sizes tell a big story, and when large effect sizes don't', in Charles E. Lance and Robert J. Vandenberg (eds.), *Statistical and Methodological Myths and Urban Legends*, New York: Routledge, pp. 287–308.

Creary, S.J., B.B. Caza and L.M. Roberts (2015), 'Out of the box? How managing a subordinate's multiple identities affects the quality of the manager–subordinate relationship', *Academy of Management Review*, 40(4), 538–562.

Daft, R.L. (1985), 'Why I recommended that your manuscript be rejected and what you can do about it', in L.L. Cummings and Peter J. Frost (eds.), *Publishing in the Organizational Sciences*, Homewood, IL: Richard D.

Irwin, pp. 193–209.

Dane, E. (2011), 'Changing the tune of academic writing: Muting cognitive entrench-ment', *Journal of Management Inquiry*, 20, 332–336.

Davis, G.F. and C. Marquis (2005), 'Prospects for organization theory in the early twenty-first century: Institutional fields and mechanisms', *Organization Science*, 16, 332–343.

Davis, J.P. and K.M. Eisenhardt (2011), 'Rotating leadership and collaborative innovation: Recombination processes in symbiotic relationships', *Administrative Science Quarterly*, 56(2), 159–201.

Davis, M.S. (1971), 'That's interesting! Toward a phenomenology of sociology and a sociology of phenomenology', *Philosophy of the Social Sciences*, 1, 309–344.

Derfus, P.J., P.G. Maggitti, C.M. Grimm, and K.G. Smith (2008), 'The red queen effect: Competitive actions and firm performance', *Academy of Management Journal*, 51(1), 61–80.

Douglas, Yellowlees (2015), *The Reader's Brain: How Neuroscience Can Make You a Better Writer*, Cambridge, UK: Cambridge University Press.

Elsbach, K.D. and R.M. Kramer (2003), 'Assessing creativity in Hollywood pitch meetings: Evidence for a dual-process model of creativity judgements', *Academy of Management Journal*, 46(3), 283–301.

Ericsson, K.A. , R.T. Krampe, and C. Tesch-Römer (1993), 'The role of deliberate prac-tice in acquisition of expert performance', *Psychological Review*, 100(3), 363–406.

Evans, Harold (2017), *Do I Make Myself Clear? Why Writing Well Matters*, New York: Little Brown.

Feldman, M.P., S. Ozcan, and T. Reichstein (2019), 'Falling not far from the tree: Entrepreneurs and organizational heritage', *Organization Science*, 30(2), 337–360.

Ferraro, F., J. Pfeffer, and R.I. Sutton (2005), 'Economics language and assumptions: How theories can become self-fulfilling', *Academy of Management Review*, 30(1), 8–24.

Fisher, Roger, William Ury, and Bruce Patton (2011), *Getting to Yes: Negotiating Agreement Without Giving In*, New York: Penguin.

Fiss, P.C., M.T. Kennedy, and G.F. Davis (2012), 'How golden parachutes unfolded: Diffusion and variation of a controversial practice', *Organization Science*, 23, 1077–1099.

Flaherty, Francis (2009), *The Elements of Story: Field Notes on Nonfiction Writing*, New York: HarperCollins.

Floyd, S.W., D.M. Schroeder, and D.M. Finn (1994), '"Only if I'm first author": Conflict over credit in management scholarship', *Academy of Management Journal*, 37(3), 734–747.

Freytag, Gustav (1865), *The Techniques of the Drama 3rd Edition*, trans. E.L. McEwan (1900), Chicago, IL: Scott, Foresman.

Geletkanycz, M. and B.J. Tepper (2012), 'From the Editors, Publishing in AMJ–Part 6: Discussing the implications', *Academy of Management Journal*, 55(2), 256–260.

Ghoshal, S. (2005), 'Bad management theories are destroying good management prac-tice', *Academy of Management Learning and Education*, 4, 75–91.

Gioia, D.A. and K. Chittipeddi (1991), 'Sensemaking and sensegiving in strategic change initiation', *Strategic Management Journal*, 12, 433–448.

Gomulya, D., K. Jin, P.M. Lee, and T.G. Pollock (2019), 'Crossed wires: Endorsement signals and the effects of IPO firm delistings on venture capitalists' reputations', *Academy of Management Journal*, 62(3), 641–666.

Grant, A.M. and D.A. Hofmann (2011), 'It's not all about me: Motivating hand hygiene among healthcare professionals by focusing on patients', *Psychological Science*, 22(12), 1494–1499.

Grant, A.M. and T.G. Pollock (2011), 'From the Editors, Publishing in AMJ–Part 3: Setting the hook', *Academy of Management Journal*, 54(5), 873–879.

Grant, A.M., E.M. Campbell, G. Chen, K. Cottone, D. Lapedis, and K. Lee (2007), 'Impact and the art of motivation maintenance: The effects of contact with bene-ficiaries on persistence behavior', *Organizational Behavior and Human Decision Processes*, 103, 53–67.

Greenwood, R. and R. Suddaby (2006), 'Institutional entrepreneurship in mature fields: The Big Five accounting firms', *Academy of Management Journal*, 49, 27–48.

Guldiken, O., M.R. Mallon, S. Fainshmidt, W.Q. Judge, and C.E. Clark (2019), 'Beyond tokenism: How strategic leaders influence more meaningful gender diver-sity on boards of directors', *Strategic Management Journal*, 40(12), 2024–2046.

Guler, I. (2007), 'Throwing good money after bad? Political and institutional influ-ences on sequential decision making in the venture capital industry', *Administrative Science Quarterly*, 51(2), 248–285.

Hale, Constance (2013), *Sin and Syntax: How to Craft Wicked Good Prose*, New York: Three Rivers Press.

Hambrick, D.C. (2007), 'The field of management's devotion to theory: Too much of a good thing?', *Academy of Management Journal*, 50(6), 1346–1352.

Han, J.-H. and T.G. Pollock (2021), 'The two towers (or somewhere in between): The behavioral consequences of positional inconsistency across status hierarchies', *Academy of Management Journal*, forthcoming.

Hirsch, P.M. and M. Lounsbury (1997), 'Ending the family quarrel: Toward a recon-ciliation of the "old" and "new" institutionalisms', *American Behavioral Scientist*, 40(4), 406–418.

Hollenbeck, J.R. (2008), 'The role of editing in knowledge development: Consensus shifting and consensus creation', in Yehuda Baruch, Alison M. Konrad, Herman Aguinus, and William H. Starbuck (eds.), *Journal Editing: Opening the Black Box*, San Francisco, CA: Jossey-Bass, pp. 16–26.

Hollenbeck, J.R. and P.M. Wright (2017), 'Harking, sharking and tharking: Making the case for post hoc analysis of scientific data', *Journal of Managemen*t, 43(1), 5–18.

Huff, Anne S. (1999), *Writing for Scholarly Publication*, Thousand Oaks, CA: Sage.

Johanson, L. (1994), 'Writing as a storyteller's art'. Presented at the Academy of Management Annual Meeting, Dallas, TX, August, 1994.

Johanson, L.M. (2007), 'Sitting in your reader's chair: Attending to your academic sensemakers', *Journal of Management Inquiry*, 16, 290–294.

Johns, G. (2006), 'The essential impact of context on organizational behavior', *Academy of Management Review*, 31(2), 386–408.

Johnson, M.D., J.R. Hollenbeck, S.E. Humphrey, D.R. Ilgen, D. Jundt, and C.J. Meyer (2006), 'Cutthroat cooperation: Asymmetrical adaptation to changes in team reward structures', *Academy of Management Journal*, 49(1), 103–119.

Judge, T.A., D.M. Cable, A.E. Colbert, and S.L. Rynes (2007), 'What causes a man-agement article to be cited: Article, author, or journal?', *Academy of Management Journal,* 50(3), 491–506.

Kilduff, M. (2006), 'Editors comments: Publishing theory', *Academy of Management Review*, 31(2), 252–255.

King, Stephen (2000), *On Writing: A Memoir of the Craft*, New York: Simon & Shuster.

Lamott, Anne (1994), *Bird by Bird: Some Instructions on Writing and Life*, New York: Anchor Books.

Lashley, K. and T.G. Pollock (2020), 'Waiting to inhale: Removing stigma in the medical cannabis industry', *Administrative Science Quarterly*, 65(2), 434–482.

Leblebici, H., G.R. Salancik, A. Copay, and T. King (1991), 'Institutional change and the transformation of inter-organizational fields: An organizational history of the U.S. radio broadcasting industry', *Administrative Science Quarterly*, 36, 333–363.

Lee, P. and E. James (2007), '"She"-E-Os: Gender effects and investor reactions to the announcements of top executive appointments', *Strategic Management Journal*, 28(3), 227–241.

Levitt, B. and J.G. March (1988), 'Organizational learning', *Annual Review of Sociology*, 14, 319–340.

Lincoln, Y.S. and E.G. Guba (1985), 'Establishing trustworthiness', in *Naturalistic Inquiry*, Newbury Park, CA: Sage, pp. 289–331.

Liu, C.W., C.Y. Olivola, and B. Kovács (2017), 'Coauthorship trends in the field of management: Facts and perceptions', *Academy of Management Learning and Education*, 16(4), 509–530.

Locke, K. and K. Golden-Biddle (1997), 'Constructing opportunities for contribution: Structuring intertextual coherence and "problematizing" in organizational studies', *Academy of Management Journal*, 40, 1023–1062.

Lovelace, J., J. Bundy, D.C. Hambrick, and T.G. Pollock (2018), 'The shackles of CEO celebrity: Socio-cognitive and behavioral role constraints on "star" leaders', *Academy of Management Review*, 43(3), 419–444.

Magee, J.C. and A.D. Galinsky (2008), 'Social hierarchy: The self-reinforcing nature of power and status', in Arthur P. Brief and James P. Walsh (eds.), *Academy of Management Annals*, 2, Essex, UK: Routledge, pp. 351–398.

McGrath, J.E. (1982), 'Dilemmatics: The study of research choices and dilemmas', in Joseph E. McGrath, Joann Martin, and Richard A. Kulka (eds.), *Judgement Calls in Research*, Beverly Hills, CA: Sage, pp. 69–103.

Merton, R.K. (1968), 'The Matthew effect in science', *Science*, 159, 56–63.

Mishina, Y., B.J. Dykes, E.S. Block, and T.G. Pollock (2010), 'Why "good" firms do bad things: The effects of high aspirations, high performance and prominence on the incidence of corporate illegality', *Academy of Management Journal*, 53(4), 701–722.

Mohan-Ram, Vid (2000), 'How not to kill a grant application', accessed July 15th, 2020 at http:// www .sciencemag .org/ careers/ where -search -funding

Molinsky, A., A.M. Grant, and J. Margolis (2012), 'The bedside manner of homo economicus: How and why priming an economic schema reduces compassion', *Organizational Behavior and Human Decision Processes*, 119, 27–37.

Newport, Cal (2016), *Deep Work: Rules for Focused Success in a Distracted World*, New York: Grand Central Publishing.

Oppenheimer, D.M. (2006), 'Consequences of erudite vernacular utilized irrespective of necessity: Problems with using long words needlessly', *Applied Cognitive Psychology*, 20(2), 139–156.

Pfarrer, M.D., T.G. Pollock, and V.P. Rindova (2010), 'A tale of two assets: The effects of firm reputation and celebrity on earnings surprises and investors' reactions', *Academy of Management Journal*, 53(5), 1131–1152.

Pfeffer, Jeffrey and Gerald R. Salancik (1978), *The External Control of Organizations*, New York: Harper & Row.

Plowman, D.A., L.T. Baker, T.E. Beck, M. Kulkarni, S.T. Solansky, and D.V. Travis (2007), 'Radical change accidentally: The emergence and amplification of small change', *Academy of Management Journal*, 50, 515–543.

Podsakoff, P.M., N.P. Podsakoff, P. Mishra, and C. Escue (2018), 'Can early-career scholars conduct impactful research? Playing "small ball" versus "swinging for the fences"', *Academy of Management Learning and Education*, 17(4), 496–531.

Pollock, T.G. and J.E. Bono (2013), 'From the Editors, Being Scheherazade: The importance of storytelling in academic writing', *Academy of Management Journal*, 56(3), 629–634.

Pollock, T.G., H.M. Fischer, and J.B. Wade (2002), 'The role of power and politics in the repricing of executive options', *Academy of Management Journal*, 45(6), 1172–1182.

Pollock, T.G., G. Chen, E.M. Jackson, and D.C. Hambrick (2010), 'How much prestige is enough? Assessing the value of multiple types of high-status affiliates for young firms', *Journal of Business Venturing*, 25(1), 6–23.

Pollock, T.G., P.M. Lee, K. Jin, and K. Lashley (2015), '(Un)Tangled: Exploring the asymmetric co-evolution of VC firm reputation and status', *Administrative Science Quarterly*, 60(3), 482–517.

Pratt, M.G. (2000), 'The good, the bad and the ambivalent: Managing identification among Amway distributors', *Administrative Science Quarterly*, 45, 456–493.

Pratt, M.G., S. Kaplan, and R. Whittington (2020), 'Editorial essay: The tumult over transparency: Decoupling transparency from replication in establishing trustworthy qualitative research', *Administrative Science Quarterly*, 65(1), 1–19.

Ragins, B.R. (2012), 'Editor's comments: Reflections on the craft of clear writing', *Academy of Management Review*, 37(4), 493–501.

Rindova, V.P., T.G. Pollock, and M.L.A. Hayward (2006), 'Celebrity firms: The social construction of market popularity', *Academy of Management Review*, 31(1), 50–71.

Rindova, V.P., I.O. Williamson, A.P. Petkova, and J.M. Sever (2005), 'Being good or being known: An empirical examination of the dimensions, antecedents, and consequences of organizational reputation', *Academy of Management Journal*, 48, 1033–1049.

Schwab, Donald P. (2005), *Research Methods for Organizational Studies 2nd Edition*, New York: Routledge.

Shadish, William R., Thomas D. Cook, and Donald T. Campbell (2002), *Experimental and Quasi-Experimental Designs for Generalized Causal Inference*, Belmont, CA: Wadsworth Cengage Learning.

Shaw, J.D. (2012), 'Responding to reviewers', *Academy of Management Journal*, 55(6), 1261–1263.

Silvia, Paul J. (2018), *How to Write a Lot 2nd Edition*, Washington, DC: American Psychological Association.

Smiley, Sam and Norman A. Bert (2005), *Playwriting: The Structure of Action*, New Haven, CT: Yale University Press.

Sparrowe, R.T. and K.J. Mayer (2011), 'From the Editors, Publishing in AMJ–Part 4: Grounding hypotheses', *Academy of Management Journal*, 54(6), 1098–1102.

Stanley, Matthew (2019), *Einstein's War*, New York: Dutton.

Stokes, Donald E. (1997), *Pasteur's Quadrant: Basic Science and Technological Innovation*, Washington, DC: Brookings Institution Press.

Strunk, William and E.B. White (2000), *The Elements of Style 4th Edition*, Needham Heights, MA: Allyn & Bacon.

Suddaby, R. (2010), 'Editor's comments: Construct clarity in theories of management and organization', *Academy of Management Review*, 35(3), 346–357.

Sutton, R.I. and B.M. Staw (1995), 'What theory is not', *Administrative Science*

Quarterly, 40, 371–384.

Sword, Helen (2012), *Stylish Academic Writing*, Cambridge, MA: Harvard University Press.

Taylor, Frederick W. (1916), *The Principles of Scientific Management*, New York: Harper & Brothers Publishers.

Tihanyi, L. (2020) 'From the Editors, From "that's interesting" to "that's important"', *Academy of Management Journal*, 63(2), 329–331.

Truss, Lynne (2003), *Eats, Shoots & Leaves: The Zero Tolerance Approach to Punctuation*, New York: Gotham Books.

Uzzi, B. (1996), 'The sources and consequences of embeddedness for the economic performance of organizations: The network effect', *American Sociological Review*, 61, 674–698.

Van Maanen, J. (1995), 'Style as theory', *Organization Science*, 6, 133–142.

Weick, K.E. (1989), 'Theory construction as disciplined imagination', *Academy of Management Review*, 14, 516–531.

Weick, Karl E. (1995), *Sensemaking in Organizations*, Thousand Oaks, CA: Sage.

Westphal, J.D., S.H. Park, M.L. McDonald, and M.L.A. Hayward (2012), 'Helping other CEOs avoid bad press: Social exchange and impression management support among CEOs in communications with journalists', *Administrative Science Quarterly*, 57(20), 217–268.

Whetten, D.A. (1989), 'What constitutes a theoretical contribution?', *Academy of Management Review*, 14, 490–495.

Zhang, Y. and J.D. Shaw (2012), 'From the Editors, Publishing in AMJ–Part 5: Crafting the methods and results', *Academy of Management Journal*, 55(1), 8–12.

Zinsser, William (2006), *On Writing Well: The Classic Guide to Writing Nonfiction*, New York: HarperCollins.